I0644383

L'ESPACE DU RACISME

Du même auteur

AUX MÊMES ÉDITIONS

Lutte étudiante
(avec A. Touraine, F. Dubet, Z. Hegedus)
1978

La Prophétie antinucléaire
(avec A. Touraine, Z. Hegedus, F. Dubet)
1980

Le Pays contre l'État
(avec A. Touraine, F. Dubet, Z. Hegedus)
1981

CHEZ D'AUTRES ÉDITEURS

L'État, le Patronat et les Consommateurs
PUF, 1977

Critique de la théorie du capitalisme
monopoliste d'État
(avec B. Théret)
Maspero, 1978

Justice et Consommation
La Documentation française, 1978

Solidarité
(avec A. Touraine, F. Dubet, J. Strzelecki)
Fayard, 1982

Le Mouvement ouvrier
(avec A. Touraine et F. Dubet)
Fayard, 1984

Les Juifs, la Pologne et Solidarnosc
Denoël, 1984

Terrorisme à la une
(avec D. Wolton)
Gallimard, « Au vif du sujet », 1987

Sociétés et Terrorisme
Fayard, 1988

Le Modèle EDF
(avec S. Trinh)
La Découverte, 1989

MICHEL WIEVIORKA

L'ESPACE DU RACISME

ÉDITIONS DU SEUIL
*27, rue Jacob, Paris VIe*

ISBN 2-02-012567-6.

© ÉDITIONS DU SEUIL, MARS 1991.

La loi du 11 mars 1957 interdit les copies ou reproductions destinées à une utilisation collective. Toute représentation ou reproduction intégrale ou partielle faite par quelque procédé que ce soit, sans le consentement de l'auteur ou de ses ayants cause, est illicite et constitue une contrefaçon sanctionnée par les articles 425 et suivants du Code pénal.

à mes parents

Remerciements

Cet ouvrage rend compte d'un parcours solitaire, mais au cours duquel j'ai rencontré de nombreux soutiens, intellectuels et pratiques, et toujours chaleureux.

Mes remerciements vont d'abord au directeur du CADIS, Alain Touraine, et aux chercheurs de ce centre auquel j'ai toujours été heureux d'appartenir – à commencer par François Dubet et Didier Lapeyronnie, qui, comme Alain Touraine, ont lu une première version de ce livre et m'ont aidé à lui apporter diverses améliorations. Ils vont aussi à l'équipe de recherche que j'ai constituée pour étudier, très concrètement, les phénomènes de racisme : Philippe Bataille, Bernard Francq, Daniel Jacquin, Danilo Martuccelli, Angelina Peralva, Paul Zawadzki, à qui s'est adjointe Patricia Pariente. Sans le travail commun, qui débouchera prochainement sur un autre ouvrage, celui-ci n'aurait pas été ce qu'il est.

Ils vont enfin, toujours au sein du CADIS, à Mireille Coustance, à Jacqueline Blayac, à Jacqueline Longerinas et, plus particulièrement, à Lidia Meschy, dont l'aide a été déterminante dans la mise au point de mon manuscrit.

J'ai trouvé, dans le groupe de travail sur le racisme où nous nous réunissons régulièrement, entre amis, un lieu de stimulation et de discussion qui m'a beaucoup apporté ; merci, donc, à Jeanne Ben Brika, Jean-Claude Monet, Charles Rojzman, Dominique Schnapper, Étienne Schweisguth, Pierre-André Taguieff, et plus spécialement à Nonna Mayer et Gérard Lemaine, pour les observations que leur a suggérées la première version de ce livre.

Je remercie également ma sœur Annette, qui m'a, elle aussi, suggéré des modifications et corrections décisives, ainsi que Patrick Rotman, pour sa confiance et son amitié.

Enfin, construit pas à pas, pendant deux ans, au fil de mon séminaire hebdomadaire de l'École des hautes études en sciences sociales, ce livre doit beaucoup à la curiosité exigeante de mes étudiants.

Avant-propos

I

Ce livre procède d'une inquiétude, qui tient au moment et au lieu où il est rédigé. La France de la fin du XXe siècle n'est-elle pas en passe de devenir une société raciste, n'est-elle pas menacée par une vague qui s'est déjà installée, avec le Front national, au plan politique ? Certes, le terme de « racisme » n'est pas nécessairement le plus approprié – il est même utilisé abusivement pour désigner le populisme, la xénophobie, ou encore un nationalisme sombre –, et les données factuelles, les statistiques du racisme, telles qu'elles apparaissent par exemple dans le bilan établi récemment à la demande du Premier ministre[1], peuvent sembler bien modestes.

Pourtant, nous avons de bonnes raisons de nous inquiéter. Le dossier de l'immigration, qui a pris une place importante dans les débats contemporains, est gros de connotations racisantes ; une ségrégation, impensable dix ou quinze ans plus tôt, est apparue sans qu'on y prenne garde, sur fond de mutation urbaine et de crise de l'école ; les préjugés racistes s'expriment de plus en plus ouvertement, comme si des tabous et des interdits, y compris légaux, avaient sauté, surtout à l'égard des populations d'origine maghrébine ; un racisme anti-Noirs s'ébauche, actif et visible partout où Africains, Haïtiens, mais aussi Antillais bien français viennent se mêler ou se substituer aux vagues antérieures de l'immigration; l'antisémitisme se manifeste à travers la démultiplication d'écrits, dont on comprend mal qu'ils puissent s'imprimer et circuler aussi aisément, à l'occasion d'affaires qui défraient la chronique – Aix-les-Bains, Carpentras[2] –, ou dans la pensée dite « révisionniste », négatrice des chambres à gaz.

La poussée contemporaine du racisme, en France comme dans d'autres sociétés européennes, est indissociable d'une mutation considérable. Hier encore, la question sociale était prédominante, informée par des luttes se réclamant, directement ou indirectement, du mouvement ouvrier. Hier encore, l'existence de particularismes culturels ou religieux semblait subordonnée à des valeurs universelles, à une même conception du progrès, à des États plus ou moins capables de tenir en même temps le discours de la modernité et celui de la nation, capables, aussi, d'intégrer les étrangers, de les digérer à plus ou moins brève échéance. Aujourd'hui, la modernité est à ce point ébranlée qu'on parle de postmodernité, l'idée de rapports de classe est devenue archaïque, les États paraissent de plus en plus impuissants à maintenir les anciens modèles d'intégration, et partout surgissent ou se renforcent des identités communautaires – que celles-ci soient définies en termes religieux, ethniques, régionaux, culturels, historiques ou, surtout, nationaux.

Tel est le contexte général dans lequel doit être posée la question de l'extension actuelle du racisme, dont l'espace s'élargit en même temps que s'épuisent les rapports sociaux nés de l'industrialisation et, surtout, de sa phase taylorienne; que s'affirment toutes sortes d'identités non sociales; et que se déstructure la capacité des responsables politiques et des intellectuels à associer dans une même conception l'universalité du progrès et de la raison et la spécificité de leur nation.

Mais il ne suffit pas de postuler un lien entre racisme et mutation sociétale; il faut se donner les moyens d'en tester l'hypothèse, il faut élaborer ou rassembler les concepts permettant d'établir la relation entre les diverses expressions du racisme dans une société et le travail de cette société, sur elle-même et dans ses rapports avec d'autres ensembles sociétaux.

C'est à cet objectif qu'est consacré le présent ouvrage. L'enjeu ici n'est donc pas de rendre compte, directement, de la poussée raciste qui menace la France, ou l'Europe. Il se joue en amont, dans le projet de construire les instruments nécessaires à la compréhension de ce type de phénomènes. Ce qui implique une certaine distance à l'égard de l'expérience française ou européenne contemporaine, un effort pour éviter de proposer une théorie *ad hoc* ou, si l'on préfère, pour ne pas tomber dans les travers de l'ethnocentrisme.

II

Le mouvement des idées et de la recherche est, pour une large part, tributaire des contextes nationaux dans lesquels il s'origine. C'est pourquoi il n'y a pas lieu de trop s'étonner du retard de la France en matière d'études sociologiques du racisme.

Certes, la tradition intellectuelle française est vigoureuse, qu'il s'agisse de l'étude des idées et des idéologies racistes – à laquelle des chercheurs comme Pierre-André Taguieff et Étienne Balibar ont apporté un sang nouveau –, des sciences politiques – avec notamment les recherches du CEVIPOF sur le Front national[3] –, de la psychologie sociale, de la psychanalyse, de l'histoire, de la philosophie politique, de l'ethnologie ou même de l'engagement des sciences « dures » – à commencer par la biologie et sa critique des catégorisations raciales. Mais le silence de la sociologie tranche avec ce qu'on observe dans d'autres sciences sociales. Il n'y a pas si longtemps, Roger Bastide exerçait une influence décisive sur la formation de la sociologie brésilienne, et ce qu'il disait du racisme faisait autorité ; Albert Memmi analysait, et de belle manière, le racisme colonial ; Colette Guillaumin publiait un ouvrage décisif sur l'idéologie raciste[4]. Mais, depuis quinze ou vingt ans, la France, dans ce domaine, semble frappée d'aphasie sociologique, comme si ses chercheurs hésitaient à envisager les dérives racistes qui traversent, *hic et nunc*, leur propre société. Ce n'est pas qu'on s'y désintéresse des victimes ou des cibles du racisme – la sociologie de l'immigration, aussi médiocre qu'elle puisse paraître, à quelques exceptions près, est là pour montrer le contraire[5]. Mais la production même du racisme, les rapports et les changements sociaux dont il s'alimente ne sont guère étudiés, et le mal est bien plus dénoncé que véritablement analysé.

Dans d'autres sociétés, le mouvement des idées est moins brillant, mais les connaissances sont plus solides et les débats sociaux et politiques mieux fondés. On a relativement vite fait le tour, en France, de la littérature proprement sociologique consacrée au sujet dans la période récente ; on est, à l'inverse, impressionné par l'abondance des publications américaines, dont les meilleures, qui datent parfois des années trente et quarante, n'ont jamais été traduites en français, même partiellement – ce que mériterait par exemple à coup sûr l'ouvrage classique de Gunnar Myrdal sur le « dilemme américain[6] ».

De même, le contraste est frappant entre la France et le Royaume-Uni où, depuis une vingtaine d'années, s'est développée une sociologie critique du racisme, avec de nombreux travaux empiriques ; avec, aussi, d'importants débats théoriques.

Ces remarques ne doivent pas être dissociées de ce que nous avons évoqué plus haut : la grande mutation dans laquelle se décompose la société industrielle classique et s'affaiblissent les modèles d'intégration de la modernité et de la nation. La France, en effet, découvre aujourd'hui seu-

directement une position ferme dans ce débat ; sa conception même s'y oppose. Mais puisqu'il s'intéresse à des mécanismes et à des logiques d'action, bien plus qu'il ne s'attache à rendre compte de situations concrètes, puisqu'il est plus analytique qu'historique, nous inscrirons l'antisémitisme dans l'ensemble plus large du racisme.

Plus généralement, on pourrait s'étonner du peu de place qui sera accordé à de nombreuses autres expériences du racisme. Mais la réponse sera la même. Nous ne sous-estimons pas la virulence du racisme lorsqu'il atteint d'autres groupes que les Juifs, ou les Noirs américains, et nous savons bien que ceux-ci eux-mêmes peuvent fort bien adopter des postures racistes ; nous voyons bien à quel point, dans un pays comme le nôtre, la haine des Arabes et la peur de l'islam peuvent aller, au-delà du rejet culturel, sur la pente du racisme ; mais notre objectif n'est pas d'examiner les lieux et objets, passés et présents, du mépris, de l'infériorisation ou de l'exclusion racistes ; il est de produire les instruments autorisant cet examen.

IV

Cherchant à mettre au point des outils d'analyse, nous avons tout à gagner du travail de nos prédécesseurs – qu'il s'agisse de leurs acquis ou des impasses dans lesquelles ils ont pu se fourvoyer. Aussi la première partie de ce livre se propose-t-elle de faire le point des principales connaissances disponibles. Elle reconstitue non pas une histoire de la pensée – cet ouvrage n'y suffirait pas –, mais quelques grandes étapes – les plus décisives à nos yeux – dans les recherches, l'invention de nouvelles perspectives, les débats qui, depuis plus d'un siècle, s'intéressent, d'une façon ou d'une autre, au racisme. Surtout, elle nous indique à quel point il est difficile de construire le racisme en objet ; elle nous montre les hésitations et les lenteurs de la sociologie, qui a d'abord participé à l'invention du racisme, qui s'est ensuite engagée dans l'étude des « relations de races » et qui, aujourd'hui encore, éprouve bien des difficultés à s'écarter radicalement des débats sur les races et à envisager dans leur unité les discours, les pensées et les conduites qui constituent le racisme.

L'opération qui consiste à mettre en avant des attributs physiques ou biologiques supposés informer les conduites, la culture, la personnalité, ou justifier des rapports de domination, d'exclusion, de persécution ou de destruction passe par toutes sortes d'expressions concrètes, qui constituent autant de formes élémentaires du racisme. La deuxième partie de ce livre examine ces formes une à une, à la lumière de deux distinctions analytiques. Elle considère les préjugés, la ségrégation, la discrimination ou la violence comme des catégories empiriques susceptibles de fonctionner à des niveaux distincts – politique ou infra-politique – et liées, selon les cas, à l'une ou l'autre de deux logiques différentes : l'une d'infériorisation, visant à assurer un traitement inégalitaire au groupe racisé, l'autre de différenciation, tendant à le mettre à l'écart et, dans les cas extrêmes, à l'expulser ou à l'exterminer.

L'unité du racisme n'est ni dans ses formes élémentaires – manifestations concrètes extrêmement diversifiées – ni dans ses niveaux et logiques d'action, où il est possible, et souhaitable, d'opérer des distinctions analytiques. Elle n'apparaît que si l'on déplace la perspective pour considérer le phénomène comme une action. Action d'un type bien particulier, puisqu'elle fonctionne dans la négation de tout rapport social et qu'elle naturalise ou démonise le groupe racisé, en même temps, éventuellement, qu'elle survalorise le groupe racisant en des termes eux aussi non sociaux, ni même culturels. Action, surtout, dont les conditions d'expansion sont fixées, en dehors même des significations qu'elle met en branle, par les transformations qui affectent les acteurs sociaux ou communautaires dans la société considérée. La troisième partie de ce livre étudie, très précisément, ces transformations et l'espace qu'elles sont susceptibles d'ouvrir au racisme et à ses expressions les plus concrètes.

Cet ouvrage n'est donc pas un traité ou un panorama des connaissances disponibles, même s'il s'efforce de recenser les plus importantes. Ses limites, de ce point de vue, sont certaines. Mais il propose un cadre théorique cohérent, un ensemble intégré d'instruments d'analyse, un faisceau concentré d'hypothèses et de raisonnements. Ce qu'il perd d'un côté, il nous semble qu'il le gagne de l'autre. Il nous est apparu que l'urgence, aujourd'hui, était de se donner les moyens de voir plus clair dans les processus qui rendent possible l'extension du racisme dans des sociétés comme la nôtre : écrit sans précipitation, ce livre espère répondre à ce défi.

PREMIÈRE PARTIE

De la race au racisme

Introduction

« En fait, grâce à la biologie, moi, le généticien, je croyais permettre aux gens de voir plus clair en leur disant : “une race, vous en parlez, mais de quoi s'agit-il ?”. Et je leur montrais qu'on ne peut pas la définir sans arbitraire ni sans ambiguïté [...]. Autrement dit, le concept de *race* n'est pas fondé et par conséquent le racisme doit disparaître. Il y a quelques années, j'aurais admis qu'ayant énoncé cela, j'avais bien fait mon travail de scientifique et de citoyen. Et pourtant, s'il n'y a pas de *races*, le racisme existe bel et bien[1] ! »

Race, racisme : la mésaventure d'Albert Jacquard, homme de science ayant cru régler un problème social par une démonstration rationnelle, pose de manière simple, presque naïve, la question de la construction de l'objet, telle qu'elle va nous occuper dès cette première partie. Une fois tranché le débat sur les races humaines, nous dit en substance Jacquard, tout reste à faire, le racisme apparaît dans sa nudité et nécessite d'autres catégories conceptuelles que celles de la biologie ou de la génétique.

Peut-être devrions-nous résister quelque peu à l'idée que le débat sur l'existence des races mérite d'être entièrement clos. La vivacité de la controverse sur l'hérédité de l'intelligence – vieille de plus d'un siècle, et récemment reconstituée par Gérard Lemaine et Benjamin Matalon[2] – ou certains travaux de génétique des populations et de bioanthropologie, recensés par Alain de Benoist[3], pourraient nous y inviter. Mais, qu'il reste ou non ouvert, ce débat, s'il alimente les positions doctrinaires et politiques des racistes, comme des antiracistes, ne saurait tenir lieu d'analyse du racisme. Attendrait-on des sociologues des religions qu'ils prennent position sur l'existence de Dieu, dont ils déduiraient par exemple des explications sur la foi ou sur l'athéisme ? La sociologie du racisme ne peut se construire qu'en s'écartant résolument des études et des polémiques sur la race : « Races imaginaires et races réelles, a très bien dit Colette Guillaumin, jouent le même rôle dans le processus social et sont donc identiques eu égard à ce fonctionnement : le problème sociologique est précisément là[4]. »

Cette nécessaire disjonction, à partir de laquelle peut effectivement s'engager l'étude du racisme, n'a pas toujours – c'est le moins qu'on puisse dire – été voulue ou perçue par la pensée sociale. Le mouvement des idées, ici, a été lent à se préciser, et la perspective, aujourd'hui encore, hésite à dissocier nettement race et racisme.

Il faut dire que le terme même de « racisme » est récent et que nous y sommes si accoutumés aujourd'hui que nous en oublions facilement la formidable nouveauté. Si la race est entrée dans le vocabulaire européen vers la fin du XVe siècle, si elle s'est imposée comme catégorie savante au XIXe siècle, le mot « racisme » n'a été forgé qu'au XXe siècle, dans l'entre-deux-guerres, et n'a pris son essor qu'après la Seconde Guerre mondiale et la découverte des horreurs liées à l'expérience nazie. Son usage n'a cessé dès lors non seulement de s'élargir, mais aussi de se banaliser pour désigner bien des formes de haine, de mépris, de rejet ou de discrimination : on associe couramment racisme et sexisme – ce qui n'est pas sans fondement dans la mesure où le sexisme repose aussi sur une définition physique ou biologique de la femme –, mais on parle aussi fréquemment de racisme de classe, de racisme antijeunes, antivieux, etc. – ce qui ôte sa spécificité au phénomène raciste proprement dit. Mais si la notion de racisme est nouvelle, le phénomène est plus ancien, et la pensée sociale s'y est intéressée, avant la lettre, dès la première moitié du XIXe siècle.

C'est pourquoi nous allons en suivre les principaux moments à partir de cette époque, au fil d'une progression où nous avons choisi de retenir des auteurs dont l'œuvre, ou, parfois, simplement tel ou tel ouvrage, nous semble particulièrement significative ou déterminante. Le décalage dans le temps, entre l'époque où certains de ces écrits ont été rédigés et celle où le racisme est devenu une notion explicite, pose un problème, que nous ne sous-estimerons pas, et qui est celui de l'anachronisme. Il ne s'agira donc pas ici d'apprécier la pensée de tel ou tel auteur à la lumière d'acquis ou d'événements postérieurs, de lire par exemple les penseurs racistes du XIXe siècle à l'aune de l'antisémitisme nazi, mais de marquer des étapes, des inflexions, des renouvellements du point de vue dans une histoire des idées dont le fil conducteur est donné par une préoccupation centrale : apprécier la contribution des uns et des autres à l'élaboration d'une perspective proprement sociologique du racisme.

1
La race comme principe explicatif

Il faut le dire d'emblée, et très nettement : les sciences sociales ont largement contribué à l'invention du racisme, à sa mise en forme doctrinaire et savante. Certes, leurs fondateurs ne méritent pas tous, bien au contraire, l'épithète de « racistes », au sens où nous l'entendons aujourd'hui, et même les pionniers de la pensée raciale – un précurseur comme Gobineau par exemple – appellent une appréciation prudente, tant des événements tels que l'expérience nazie dépassent de beaucoup leurs idées, et les auraient peut-être horrifiés.

Mais les sciences sociales naissantes ont accordé une place non négligeable à la notion de race, elles en ont souvent fait une catégorie permettant de rendre compte de la structure ou du changement des sociétés, ou du mouvement de l'histoire – ouvrant dès lors la voie au racisme des idéologues. Nous rencontrerons rapidement des hautes figures, comme Alexis de Tocqueville ou Max Weber, qui n'ont guère accepté cette perspective ; celle-ci est parfois aussi étrangère à certains auteurs, ou mineure et sans conséquence, comme chez Auguste Comte, qui constate dans son *Catéchisme positiviste* (1852) que les différentes races humaines n'ont pas le même cerveau, mais n'en déduit aucun prolongement digne du moindre soupçon de racisme.

Mais notre point de départ est un phénomène intellectuel majeur : la formation d'idées et de doctrines qui, loin de nous aider à constituer le racisme en objet d'analyse, ont constitué la race en principe explicatif de la vie sociale et, surtout, de l'histoire.

1. L'idée de race et l'Europe

L'idée qu'il existe des races supérieures et des races inférieures, l'idée, surtout, que la race façonne la culture et fonde les différences sociales ne doivent-elles pas être recherchées très loin dans le passé, là où la culture européenne moderne trouve ses premières sources, chez les Grecs de l'époque hellénique, ou tout au moins au moyen âge ? Exposée notamment par Christian Delacampagne[1], cette hypothèse prend d'autant plus de force qu'on se rapproche de l'ère moderne et qu'elle associe l'extension du racisme à quelques moments fondateurs, à commencer par les Grandes Découvertes.

Mais, quelle que soit la perspective historique adoptée, la plupart des historiens de l'idée du racisme datent son prodigieux essor du XIXe siècle, dans ce qu'il a combiné de colonialisme, de développement de la science et de l'industrie, d'urbanisation, d'immigration et de brassages de populations, mais aussi, et simultanément, d'individualisation et de poussée des nationalismes.

La pensée sociale du racisme qui se développe alors n'est pas, beaucoup s'en faut, le fait des seuls sociologues, au demeurant peu nombreux à se définir comme tels. Elle s'élabore dans la formidable convergence de tous les champs du savoir, avec d'innombrables contributions de philosophes, théologiens, anatomistes, physiologistes, historiens, philologues, mais aussi d'écrivains, de poètes, de voyageurs, avec pour base commune le principe de la classification des espèces dont Linné a peut-être apporté la formulation la plus décisive[2].

Les uns, tel Renan, s'intéressent aux origines aryennes de l'Occident et, comme vient de le rappeler Maurice Olender à la suite de Léon Poliakov, façonnent une opposition entre Sémites et Aryens qui tourne à l'avantage théorique des seconds[3]. D'autres, tel Gustave Le Bon, opposent les races supérieures, toutes indo-européennes, et les races primitives, entre lesquelles on pourrait situer des races intermédiaires, « moyennes » : les Chinois, les peuples sémitiques notamment[4]. Arthur de Gobineau, dans son célèbre *Essai sur l'inégalité des races humaines*, lance le thème de la dégénérescence par le mélange des races et déploie une pensée pessimiste, puisque, à ses yeux, la force d'une nation ou d'un peuple est dans sa capacité à absorber d'autres peuples ou nations, mais avec pour conséquence d'aboutir, ce faisant, au mélange et à la décadence – ce qui veut dire que l'humanité va inéluctablement à sa perte[5]. Georges Vacher de Lapouge entend fonder une anthroposociologie dans laquelle la hantise du métissage est confortée par le recours, positiviste et scientiste, à la biologie et à l'anthropologie physique[6]. Ne déduisons pas de ces quelques noms illustres, parmi beaucoup d'autres, que la France est seule en cause.

Au Royaume-Uni, Francis Galton, cousin demi-germain de Darwin, tire les conséquences de ses idées sur les différences raciales pour promouvoir un eugénisme qui anime, entre autres, les premiers débats de la Sociological Society of London, auxquels participent, sans adhérer nécessairement à ses vues, des figures aussi prestigieuses que Max Nordau, Bertrand Russell, Ferdinand Tönnies, George Bernard Shaw ou H. G. Wells[7]. Mais rappelons qu'une attitude anachronique fausse considérablement la perspective, puisque, à l'époque, et jusqu'à la prise de conscience des horreurs du nazisme, l'eugénisme n'est pas le monopole de la pensée conservatrice et de la droite extrême ; il est aussi un support ou une expression pour des courants de réforme sociale, il est ambivalent, interprété contradictoirement, les uns voulant purifier la race, d'autres souhaitant apporter le progrès à l'humanité tout entière.

En Allemagne, Otto Ammon développe une pensée comparable à celle de Vacher de Lapouge, et Houston Stewart Chamberlain s'inquiète – et pas seulement à propos de l'Empire romain – du « chaos des races » et de l'influence croissante des Juifs dans le commerce, le droit, la littérature ou la politique. Installé en Allemagne, à Dresde, ce fils d'amiral britannique qui fut aussi le gendre de Richard Wagner, peut être considéré comme un prophète du nazisme[8]. Plus largement, c'est dans toute l'Europe de la seconde moitié du XIXe siècle qu'on se passionne pour la mesure des crânes et des os, la pigmentation de la peau, la couleur des yeux et des cheveux ; qu'on élabore des classifications raciales ; qu'on passe d'un antijudaïsme avant tout religieux à un antisémitisme nationaliste et politique ; qu'on s'inquiète de la dégénérescence ; et que se tissent d'innombrables liens entre un savoir appliqué, scientifique et technique, et des doctrines qui tiennent lieu de pensée sociale. Le mouvement des idées est encore loin, au XIXe siècle, d'avoir la cohérence quasi fusionnelle que lui apportera le nazisme ; c'est pourquoi il ne faut pas s'étonner de trouver dans le monde juif, en Europe occidentale et en particulier en France, sous le Second Empire, des intellectuels qui n'hésitent pas à se recommander de l'anthropologie physique, avec ses mensurations et ses étalonnages, pour faire l'éloge de la race juive[9]. La connaissance des races est supposée apporter la clé des différences morales, culturelles et sociales, l'intelligibilité de l'évolution générale de l'humanité, et le moyen de comprendre les sources de la décadence, sinon d'y pallier.

Ce mouvement des idées – dont on trouve de nombreuses analyses dans l'abondante littérature consacrée à l'histoire du racisme[10] – culminera dans le nazisme, qui tout à la fois fait largement appel à elles et leur apporte une possibilité, unique dans l'histoire, de promotion et de mise en pratique. La médecine, la biologie, la chimie, la génétique, mais aussi l'anthropologie, l'ethnologie, la psychiatrie, les sciences juridiques, la démographie vont toutes participer à la classification des populations et au traitement scientifique des Juifs, demi-Juifs, quarts de Juifs, des Tziganes, des malades mentaux – eux-mêmes racisés –, qu'il s'agisse de les repérer et de les définir, ou de les éliminer[11] ; et certaines de ces disciplines, auxquelles on peut adjoindre l'archéologie[12], apporteront au régime, de surcroît, une légitimité historique.

Le racisme européen s'est construit, avant la lettre, d'un côté par la rencontre avec l'Autre, qu'il a le plus souvent dominé (colonialisme), et d'un autre côté en inventant, sur fond de montée des nationalismes, l'antisémitisme moderne – auquel Guillaume Marr a apporté le nom en 1893 et auquel un nombre considérable de penseurs ont été associés[13]. Mais ses expressions qui ont le plus ébranlé la conscience européenne, et même mondiale, n'ont pas tant concerné les peuples colonisés, pourtant souvent massacrés ou réduits à l'esclavage, que les Juifs, victimes du nazisme. C'est vraisemblablement pourquoi, en Europe, il a fallu attendre la montée du nazisme et, surtout, la fin de la Seconde Guerre mondiale et la découverte d'Auschwitz pour que les sciences sociales – et pas seulement elles – effectuent véritablement le renversement qui constitue le racisme en objet d'analyse.

2. Alexis de Tocqueville et Max Weber

Ceux qui théorisent la race ne s'installent pas toujours sur des positions radicales. Certains pensent qu'on peut améliorer les races inférieures en leur apportant le progrès, la religion ou l'éducation, et développent ce que Pierre-André Taguieff appelle un « racisme universaliste-spiritualiste[14] » – dont la version principale est donnée par l'idéologie coloniale de la IIIe République, chez un homme comme Jules Ferry, mais aussi chez des socialistes tel Léon Blum, qui évoque, par exemple en 1925, à la Chambre des députés, la mission des races supérieures, leur devoir d'apporter aux races inférieures la science et l'industrie et de les élever vers un plus haut degré de culture ; d'autres retournent la perspective classique et inversent la proposition dominante qui explique la vie sociale ou les mœurs par la race. C'est ainsi que Gabriel Tarde, très hostile aux théories de Vacher de Lapouge, qu'il critique sévèrement, pense que chaque civilisation façonne à la longue sa propre race, et donc que celle-ci est engendrée par la culture et la société[15].

On notera au passage que cette perspective se retrouve, beaucoup plus proche de nous, dans la célèbre conférence prononcée par Claude Lévi-Strauss en 1971, lorsqu'il explique que « ce sont les formes de cultures qu'adoptent ici ou là les hommes, leurs façons de vivre telles qu'elles ont prévalu dans le passé ou prévalent encore dans le présent, qui déterminent dans une très large mesure le rythme de leur évolution biologique et son orientation. Loin qu'il faille se demander si la culture est ou non fonction de la race, nous découvrons que la race – ou ce que l'on entend généralement par ce terme – est une fonction parmi d'autres de la culture[16] ».

De même, Ludwig Gumplowicz – dont l'influence sur la sociologie américaine fut importante – décrit l'évolution de l'humanité comme commandée par des luttes sans merci qui, au fur et à mesure qu'elles se soldent par l'anéantissement ou la dissolution de certains groupes humains, homogénéisent les groupes dominants et les transforment en races[17]. Ce qu'il appelle « race » correspond en fait à ce que nous appellerions aujourd'hui des nations et des ethnies. De tels auteurs ne peuvent assurément pas être taxés de racisme. De même, un des pères fondateurs de la sociologie classique, Émile Durkheim, fils de rabbin, s'il ne s'est pratiquement jamais exprimé sur la question de la race, n'en a pas moins esquissé une analyse du racisme interne à une société dans la réponse qu'il apporta en 1894 à un questionnaire sur l'antisémitisme : « quand la société souffre, elle éprouve le besoin de trouver quelqu'un à qui imputer le mal, sur qui elle se venge de sa déception[18] » : la théorie suggérée par ces quelques mots est celle du mécanisme du bouc émissaire, qui se déploie à partir de la crise ou du dysfonctionnement de la société et vise un groupe humain défini par une représentation qui n'a rien à voir, ou très peu, avec ses caractéristiques objectives. Elle présente ceci d'intéressant qu'elle annonce une immense famille de travaux – dont nous reparlerons –, pour lesquels le racisme doit s'analyser non pas en termes de relations entre groupes définis par la race, mais en s'écartant de l'idée de relations pour se centrer sur le groupe racisant, dont les préjugés et les conduites peuvent s'expliquer abstraction faite de l'expérience vécue du contact avec le groupe racisé, et sans référence à la réalité concrète de ce groupe.

En fait, les positions les plus fermes et les plus stimulantes, face au déferlement de l'idée de race, se rencontrent non pas chez Durkheim ou chez Tarde, mais plutôt chez deux autres grandes figures de la pensée sociale : Alexis de Tocqueville et Max Weber. L'un comme l'autre apportent les premiers éléments d'une sociologie du racisme, en refusant résolument de voir dans la race un principe d'explication des rapports sociaux.

L'auteur de *De la démocratie en Amérique* n'a pas seulement été confronté, dans ce pays, à la question noire ; il fut aussi en 1839 rapporteur à la Chambre des députés d'un projet de loi portant sur l'abolition de l'esclavage et auteur de plusieurs rapports sur l'Algérie. En analyste politique, il s'interroge d'abord, à propos des États-Unis, sur les conséquences de l'émancipation des Noirs. Le problème n'est pas pour lui celui de différences qui seraient biologiques ; il ne doute pas de la capacité des Noirs, si les conditions sont favorables, à parvenir à un haut niveau de civilisation. Le problème est social et politique. Soit, suggère-t-il, on affranchit les Noirs, et les Blancs se fondent avec eux, soit on maintient le plus longtemps possible l'esclavage. Sinon, « les moyens termes me paraissent aboutir prochainement à la plus terrible de toutes les guerres civiles, et peut-être même à la ruine de l'une des deux races[19] ».

Il y a une réelle continuité entre ses analyses de la question noire aux États-Unis et celles de la conquête et de la colonisation française en Algérie. Cette continuité est marquée par une véritable tension, non parfaitement résolue et dont Todorov a bien su rendre compte, entre deux perspectives : éthique et politique. Du point de vue éthique, Tocqueville condamne l'esclavage, tout comme il est hostile au colonialisme. Mais le réalisme politique et peut-être, pour l'Algérie, un certain nationalisme français commandent en lui d'autres attitudes : « l'esclavage », explique-t-il à propos de l'Amérique – mais on pense, en le lisant, aux difficultés que connaît aujourd'hui l'Afrique du Sud pour sortir de l'apartheid –, « resserré sur un seul point du globe, attaqué par le christianisme comme injuste, par l'économie politique comme funeste ; l'esclavage, au milieu de la liberté démocratique et des lumières de notre âge, n'est point une institution qui puisse durer. Il cessera par le fait de l'esclave ou par celui du maître. *Dans les deux cas, il faut s'attendre à de grands malheurs*[20] ». Entre l'esclavage, ou la domination coloniale, et la démocratie américaine, ou la place de la nation française dans le monde, Tocqueville ne tranche pas vraiment. Par contre, il rejette nettement les « fausses et odieuses doctrines » racistes qui voudraient légitimer l'esclavage des Noirs par leur nature, refuse qu'on parle d'influence exercée par la race sur la conduite des hommes et exerce la plus vive critique vis-à-vis de Gobineau, dont l'*Essai sur l'inégalité des races* lui donne l'impression de lire « *La Revue des haras* ».

Mais, au-delà de ces positions qu'on dirait aujourd'hui non ou antiracistes, l'essentiel est dans le fait que Tocqueville, sans l'ombre d'un doute, propose une véritable analyse du racisme américain anti-Noirs. Le raisonnement, certes, n'est qu'esquissé, en quelques lignes souvent citées où il indique que « les hommes blancs du Nord s'éloignent des nègres avec d'autant plus de soin que le législateur marque moins la séparation qui doit exister entre eux [...]. Dans le Nord, quand les Blancs craignent d'arriver à se confondre avec les Noirs, ils redoutent un danger imaginaire. Au Sud, où le danger serait réel, je ne puis croire que la crainte fut moindre[21] ». On a bien, ici, le fil conducteur d'une approche, en particulier, du racisme des « petits Blancs » hantés par la chute sociale, et dont on trouvera par la suite, notamment chez Gunnar Myrdal, d'abondants développements.

L'apport de Max Weber procède, lui aussi, d'un rejet des thèses racistes, telles qu'elles sont présentées par les biologistes. Il s'en prend sans hésiter à Chamberlain, s'inquiète de la montée de l'antisémitisme en Allemagne et, à la première Rencontre nationale des sociologues allemands, en 1910, s'oppose avec panache aux thèses du fondateur de la *Rassenhygiene*, le Dr Ploetz, qui associe l'épanouissement de l'ordre social à celui de la race[22]. Il propose une analyse du racisme des « petits Blancs » qui s'apparente à celle de Tocqueville : « ...les Blancs des États du Sud des États-Unis qui ne possédaient rien et qui menaient très souvent une vie misérable lorsque manquaient les occasions de travail libre étaient à l'époque de l'esclavage les véritables porteurs de l'antipathie raciale – totalement étrangère aux planteurs – parce que leur "honneur" social dépendait directement du déclassement des Noirs[23] ».

Mais, surtout, Max Weber nous met sur la voie – que nous explorerons beaucoup plus loin dans ce livre – d'un lien entre communauté et ce qu'il appelle « appartenance de race ». « L'appartenance raciale, écrit-il, c'est-à-dire la possession de dispositions semblables héritées et transmissibles par l'hérédité, réellement fondées sur la communauté d'origine, constitue une source bien plus problématique de l'activité communautaire que les faits exposés jusqu'ici.

Naturellement, elle ne conduit à une “communauté” que si elle est ressentie subjectivement comme une caractéristique commune; ceci ne se produit que si un voisinage local ou une association de gens de races différentes sont liés à une façon d’agir commune (politique, le plus souvent) ou, inversement, si les destins quels qu’ils soient, communs à des individus de même race, s’allient à une *opposition* quelconque entre des individus de même race et des individus *manifestement* d’une autre race[24]. » Il n’y a de race, pour Max Weber, que s’il y a une conscience de race, ancrée dans une appartenance communautaire et qui peut déboucher sur une action, sur du mépris ou de la ségrégation par exemple, ou à l’inverse sur une crainte de l’autre espèce – « la répulsion est l’attitude primaire et normale ». Et la conscience de race n’est pas due à des différences héréditaires, mais à un *habitus* : l’horreur du rapport sexuel entre races, aux États-Unis, est « conditionnée socialement ». Si, comme l’ont montré John Gabriel et Gideon Ben-Tovim, Weber ne récuse pas l’existence de différences biologiques entre races, s’il y voit parfois un facteur pouvant contribuer à la formation de groupes ethniques, il n’en renverse pas moins les raisonnements présociologiques, en se proposant de remplacer le concept de race par celui de relations ethniques, dans lesquelles le sentiment d’appartenir à une race – et non nécessairement la réalité objective de la race – contribue à orienter l’action[25].

Chacun à sa façon, Tocqueville et Weber nous montrent donc qu’il ne peut y avoir d’analyse sociologique du racisme qu’à partir du moment où l’on récuse la pensée antisociologique qui confond le social et le biologique et subordonne le premier au second[26]. Tous deux, aussi, utilisent le terme même de « race ». De ces deux points de vue, ils annoncent la première vague de véritables recherches sociologiques sur les « relations de races » – dont le lieu d’excellence sera constitué, à partir des années vingt, par l’école de Chicago. Mais celle-ci, avant d’apporter les premières connaissances concrètes sur les *race relations*, va être précédée, aux États-Unis comme en Europe, par une longue période où la pensée sociale est dominée par des notions biologiques.

3. La pensée sociale et la race aux États-Unis

S'il est utile de se tourner maintenant du côté des États-Unis, c'est essentiellement parce que la contribution des sociologues américains, au sens large, à l'invention du racisme y a obéi à des conditions différentes de celles qu'on peut observer en Europe. Le fait majeur, ici, est la présence d'une importante population noire, réduite à l'esclavage dans les États du Sud jusqu'à la guerre civile, puis soumise à une ségrégation qui perdure encore largement aujourd'hui. Les deux premiers traités de sociologie publiés aux États-Unis, en 1854, entreprennent l'un comme l'autre de justifier le système esclavagiste, celui de Henry Hughes insistant sur les valeurs morales et civiques de ce système et celui de George Fitzhugh ajoutant à cette perspective l'appel à un ordre autoritaire et à une discipline chrétienne[27]. Il faut dire que, à cette époque, les écrivains, au Nord, « sous-informés et doctrinaires généralement, avaient peu d'intérêt dans la recherche et les réalités objectives, sauf si elles pouvaient servir dans des polémiques politiques, et qu'au Sud les chercheurs [...] étaient occupés à élaborer des rationalisations de l'institution de l'esclavage[28] ». Et longtemps encore, par la suite, ce sera une des fonctions de secteurs importants des sciences sociales naissantes que de légitimer, en lui apportant sa version scientifique, le discours du sens commun le plus hostile à un traitement égalitaire des Blancs et des Noirs. C'est ainsi, notamment, que l'ouvrage d'Odum, publié en 1910 sous le titre *Social and Mental Traits of the Negro*, reprend tous les préjugés populaires relatifs aux Noirs et développe la thèse de leur incapacité à s'assimiler; que Ellwood, dans *Sociology and Modern Social Problems*, parle de l'infériorité du Noir, tout en suggérant que la race supérieure devrait porter assistance à la race inférieure; que Grove S. Dow en appelle à une ségrégation graduelle, qui aboutirait à installer les Noirs dans un seul État[29]; et qu'un nombre considérables d'articles, y compris dans les revues les plus prestigieuses – dans l'*American Journal of Sociology*, par exemple –, développent un racisme anti-Noirs plus près du sens commun que de l'analyse sociologique.

Un deuxième élément caractéristique de la pensée américaine dans les sciences sociales renvoie non plus à la question noire, mais à celle de l'immigration à partir de la fin du XIXe siècle et, surtout, de la Première Guerre mondiale. Les nouveaux arrivants inquiètent la population plus ancienne et alimentent des débats politiques, eux-mêmes transcrits en politiques de l'immigration, mais aussi en discours à prétention scientifique. Dès lors, des travaux très sérieux décrivent la criminalité des nouveaux venus – qui serait supérieure à la moyenne – et développent l'idée que des différences raciales distinguent les récents immigrants, ainsi que les candidats à l'immigration, rendant leur assimilation difficile – et en réalité indésirable[30].

Enfin, le mouvement européen des idées racistes, au-delà des thèmes spécifiques que constituent les Noirs et l'immigration, informe vite les sciences sociales américaines, dont la plupart des analystes considèrent qu'elles sont, au tournant du siècle, dominées par des concepts biologiques[31]. C'est ainsi, par exemple, qu'on trouve dans l'*American Journal of Sociology*, jusqu'en 1910 au moins, des articles de Galton, une traduction du chapitre d'introduction de *L'Aryen* de Vacher de Lapouge, et plusieurs articles d'auteurs américains directement inspirés par leurs homologues européens; c'est ainsi, également, que des auteurs développant une pensée proprement raciste, comme Madison Grant et Lothrop Stoddard, connaissent un succès considérable[32].

Comme en Europe, des figures importantes de la pensée sociale résistent, aux États-Unis, aux doctrines et théories raciales : Lester Ward rejette nettement les thèses de Galton ; William G. Sumner demande qu'on cesse d'attribuer à la race ce qui appartient aux mœurs et à l'*ethos* des peuples ; Charles H. Cooley introduit la notion de caste et ouvre la voie à ce qui constituera un véritable mode d'analyse des *race relations*[33]. Plus précisément, les vingt premières années de ce siècle voient s'esquisser les deux grandes orientations de ce qui deviendra la première approche sociologique du racisme, avec d'un côté le thème des castes et des préjugés raciaux, et de l'autre côté celui des relations concrètes entre races. Et là aussi, comme chez Tocqueville ou Weber, on constate que le passage à une position sociologique, s'il tend à s'interroger sur le racisme et non à expliquer le fonctionnement social et l'évolution historique par la race, n'élimine pas pour autant cette dernière notion. Ainsi, en Europe, comme aux États-Unis, la pensée sociale ne s'est que tardivement, difficilement et partiellement dégagée des doctrines racistes, qu'elle a plutôt souvent mises en forme et diffusées. Mais, au moment des années vingt, les sciences sociales commencent à opérer nettement le tournant qui mène de l'explication par la race vers l'analyse du racisme.

2

Les relations de races

S'il faut nous tourner maintenant, bien plus encore que dans le chapitre précédent, du côté de la sociologie américaine, c'est parce qu'elle a apporté la première inflexion et la plus importante expression du basculement ouvrant la voie à l'analyse concrète du racisme. Cette expression est en fait commandée par deux idées centrales. D'une part, en effet, elle tend à déplacer le cadre de référence de la race vers la culture – ce qui ne l'empêche pas de continuer à utiliser constamment le terme de « race ». D'autre part, elle s'intéresse non pas tant aux traits innés ou acquis, qui caractérisent un groupe humain, qu'à des relations, interculturelles avant tout, entre groupes. Ce qui s'esquisse aux États-Unis à partir du XXe siècle, et se précise dans les années vingt – après que des Noirs eurent servi dans l'armée américaine au cours de la Première Guerre mondiale et, surtout, au moment où la montée des Noirs dans les grandes métropoles industrielles du Nord est devenue massive –, est une sociologie des *race relations*. Il s'agit désormais d'étudier concrètement des réalités sociales et interculturelles concernant, entre autres, les rapports entre Noirs et Blancs à l'intérieur d'une société qui, dès cette époque, et même en excluant les Noirs de la conception qu'elle a d'elle-même, hésite à se considérer comme un *melting pot*[1].

Bien des penseurs ont ici préparé le terrain. W. E. B. Du Bois, en analyste mais aussi en militant de la cause noire, a publié dès 1899 son étude célèbre sur les Noirs de Philadelphie[2] et, par la suite, de nombreux travaux cherchant en particulier à conférer aux Noirs américains une histoire, un rôle dans la construction de la démocratie aux États-Unis, une culture. L'importance de notions comme celles de mœurs, d'*ethos* ou de culture doit beaucoup à un sociologue comme Sumner, mais aussi à la naissance d'une anthropologie culturelle qui, avec Franz Boas puis son école, se dégage de l'anthropologie physique et s'engage vers un relativisme culturel qui s'accompagne d'une rupture tranchée avec tout préjugé raciste : en 1911, Franz Boas ne conclut-il pas le premier Congrès universel des races en affirmant que « la vieille idée de l'absolue stabilité des types humains doit de toute évidence être rejetée, et avec elle la croyance à la supériorité héréditaire de certains types sur les autres[3] » ? Plus ou moins marquée par le darwinisme, influencée par les thèses de Ludwig Gumplowicz et Gustav Ratzenhofer, la pensée en termes de « luttes des races » a fait son chemin et, lorsqu'elle se débarrasse de tout racisme, de toute idée d'une supériorité biologique d'une race sur une autre, informe l'analyse de conflits entre groupes humains – chez Lester F. Ward par exemple[4]. Enfin, une notion a commencé à s'imposer pour décrire la ségrégation des Noirs : celle de caste – développée notamment, on l'a dit, par Charles H. Cooley[5] –, à partir de laquelle de nombreux auteurs analyseront la structure raciale américaine, avant, nous le verrons plus loin, d'être vertement critiqués par Oliver Cox.

Mais la plus haute figure, du point de vue qui nous intéresse, est assurément celle de Robert E. Park, fondateur avec Ernest Burgess de l'école dite « de Chicago » – dont il rejoint l'université en 1913, après avoir été journaliste, avoir étudié en Europe, puis assuré le secrétariat de Booker T. Washington, promoteur d'une action de défense des Noirs du Sud des États-Unis.

On trouve dans l'œuvre de Park de nombreuses indications qui témoignent d'un intérêt constant pour le thème des « relations de races », mais aussi de modifications, parfois importantes, dans ses catégories d'analyse[6]. Nous n'entrerons pas ici dans l'examen de ces transformations, car notre objet n'est pas tant de construire une histoire systématique des idées que de mettre en évidence des moments ou des pensées nodales, où se forgent de nouveaux paradigmes, de nouveaux modes d'approche. C'est pourquoi nous nous contenterons ici de souligner les aspects à nos yeux les plus décisifs dans l'œuvre de Robert E. Park.

1. Un optimisme évolutionniste

Robert E. Park, comme tant d'autres intellectuels de son temps, développe une pensée évolutionniste, qui situe d'abord la naissance des *race relations* dans une large perspective historique. Les *race relations* appartiennent à ses yeux au monde moderne; elles sont le fruit de l'extension européenne, qui fut d'abord commerciale, puis politique et religieuse, avant d'apporter au monde entier l'industrie et le capitalisme et, surtout, d'entraîner d'immenses chambardements de populations. Elles devraient s'atténuer à terme, au fur et à mesure que s'affirmera la modernité, que les différences se fonderont de moins en moins sur la race et l'héritage et de plus en plus sur la culture et le travail : « les conflits de races dans le monde moderne, qui est ou sera une seule et unique grande société, seront de plus en plus à l'avenir confondus avec, et même dépassés par, les conflits de classes ».

Cette perspective évolutionniste globale se retrouve dans l'analyse, plus limitée, que Park propose des relations de races aux États-Unis. Au départ, explique-t-il, il n'y a pas de problèmes de race, pas de relations sociales entre Blancs et Noirs, puisque ces derniers sont esclaves, et exclus du champ de la compétition sociale. Puis un système de castes succède à l'esclavage, qui exclut lui aussi l'idée d'une relation. Règne alors un ordre social où les rapports entre groupes de race ou de couleur sont strictement réglementés par une « étiquette », selon le titre d'un ouvrage de Bertram W. Doyle dont Park propose un commentaire élogieux[7]. L'étiquette, explique Park, est l'essence même du système de castes, un ensemble de rituels, une sorte de procédé social dans lequel chacun fait ce qui est attendu de lui tout en préservant sa liberté intérieure. Avec la caste comme avec l'esclavage, précise-t-il, le problème des races avait trouvé une « solution naturelle ». Chaque race dispose d'un monopole dans l'exécution de ses tâches, et « quand ce statut est accepté par le peuple dominé, comme c'est le cas là où la caste ou l'esclavage sont pleinement établis, la concurrence des races cesse et l'animosité raciale tend à disparaître ». Chacun est à sa place, « il n'existe aucun obstacle à la coopération raciale »[8].

Mais le système des castes a commencé de se déstructurer, toutes sortes de changements ont affecté les Noirs. Beaucoup sont montés du Sud rural au Nord industriel et urbain ; une classe moyenne noire est en cours de constitution, ainsi qu'une intelligentsia noire ; le niveau d'éducation des Noirs s'est élevé ; et les États-Unis sont entrés dans l'ère des relations de races. Le problème noir, dès lors, est celui d'une société démocratique et libérale qui valorise la compétition individuelle, dans laquelle chacun en théorie a les mêmes chances de mobilité ascendante, mais où il est tentant, pour ceux qui sont déjà dans la course – les Blancs –, de restreindre l'accès à ceux qui n'y sont pas encore, et qui menacent d'y pénétrer – les Noirs. Dans cette perspective, le préjugé racial a une fonction instrumentale, il sert à empêcher ou retenir l'entrée des Noirs dans la compétition.

Ce moment des *race relations* ne devrait pas lui-même durer éternellement. De même, explique Park, que l'individualisme et la démocratie ont dissous l'esclavagisme, puis les distinctions de castes, de même, à l'avenir, les distinctions de races devraient s'affaiblir, être oubliées et négligées. Elles constituent un dernier avatar de la marche en avant de la modernité, avant que les groupes sociaux se définissent vraiment socialement – résistance ultime du Vieux Monde, transition entre l'*ascription* et l'*achievement*. Mais, pour l'instant, la société américaine est au cœur de cette transition, et il convient d'étudier, très concrètement, les rapports de races entre Blancs et Noirs et de se livrer à une recherche appliquée – dont Park lui-même donnera l'exemple en exerçant une influence centrale et directe sur le travail de la Chicago Commission on Race Relations mise en place à la suite de l'émeute raciste qui fit 38 morts (dont 33 Noirs) et 537 blessés (dont 342 Noirs) entre le 27 juillet et le 8 août 1919[9].

2. Relations de races et conscience de race

Les relations de races, selon Park, sont celles qui existent « entre des peuples que distinguent des marques d'origine raciale, particulièrement quand ces différences raciales pénètrent la conscience des individus et des groupes ainsi distingués, et déterminent ainsi la conception qu'a chaque individu de lui-même comme de son statut dans la communauté[10] ». Et tout ce qui renforce la visibilité physique de l'individu, et par là même son identité ethnique ou génétique, renforce aussi sa « conscience de race » *(race consciousness)* et crée des conditions favorables aux relations de races : « la conscience de race [...] doit être considérée comme un phénomène du même ordre que la conscience de classe ou de caste [...], les relations de races [...] ne sont pas tant des relations entre individus de différentes races qu'entre des individus conscients de ces différences[11] ».

De telles propositions indiquent bien l'ambiguïté de la pensée qui entend rendre compte d'une relation entre les races. D'un côté, en effet, elles considèrent la race comme une réalité, à la fois objective et subjective, et peuvent conduire assez directement à des dérapages racistes. C'est d'ailleurs le reproche qu'adresse à Park Joyce A. Ladner, dans un ouvrage paru en 1973 et qui se veut un peu le manifeste de la sociologie noire américaine[12]. D'un autre côté, les propositions de Park peuvent fonder une sociologie appliquée, des travaux de terrain que Park propose de mener à quatre niveaux, distincts et hiérarchisés, mais interdépendants : écologique, économique, politique, personnel et culturel.

C'est ainsi, en particulier, que l'étude des relations de races – avec Park, mais aussi Burgess, puis beaucoup d'autres – parle d'adaptation, de colonisation, d'invasion, d'isolation, de migration, de parasitisme, de ségrégation ; qu'elle décrit quatre modes d'interaction (la compétition, le conflit, l'accommodement et l'assimilation) ; et que, avec ce type de catégories, elle s'inscrit dans une écologie urbaine qui constitue la ville en unité physique à l'intérieur de laquelle s'observent des processus de ségrégation spatiale et, pour chaque groupe considéré, des mécanismes d'adaptation à l'environnement. Everett C. Hughes, qui appartient lui aussi à l'école de Chicago, a bien précisé ce projet de l'écologie urbaine. Il s'agit d'étudier « les contacts entre peuples et les situations dans lesquelles ces contacts surviennent », d'éviter le point de vue ethnocentrique qui se centre sur un groupe, une minorité ethnique par exemple : « la vraie unité des relations de race et d'ethnie n'est pas un simple groupe ethnique, mais la situation, embrassant tous les divers groupes qui vivent dans la communauté d'une région[13] ». Lui-même s'intéresse particulièrement au lieu même du contact, aux *frontières*, raciales ou culturelles, et il entend, par « écologie du contact ethnique ou racial »,

« les processus qui déterminent le nombre relatif, la distribution spatiale et la division du travail entre peuples, ce qu'ils font les uns envers les autres qui affecte leur survie et leur comportement économique[14] ».

Plus généralement, la perspective inaugurée par Park a commandé, et commande encore, un immense champ de recherches, dans lesquelles sont étudiés, très empiriquement, les phénomènes de ségrégations raciale, sociale et spatiale, le fonctionnement des minorités ethniques ou raciales – tant interne que dans leurs rapports à d'autres groupes –, les transformations de la ville que tout ceci génère et entretient. D'une certaine façon, l'étude des relations de races, en valorisant les connaissances empiriques et l'observation sur le terrain, a ouvert la voie à l'analyse de certaines formes élémentaires du racisme : les conduites concrètes, qu'il s'agisse de la violence, de la discrimination ou de la ségrégation. Sa force est de s'être écartée de l'étude des caractéristiques propres aux races ou aux ethnies, telles qu'elle les définit, pour analyser des contacts et des conflits bien réels : physiques, géographiques, territoriaux, économiques, culturels. Sa faiblesse principale, contrairement à ce qu'on a souvent pu dire, n'est pas tant dans un certain naturalisme, qui repose principalement sur l'idée d'un cycle écologique (conflit, accommodation et assimilation) dont Park notait qu'il « ne procède pas avec la même facilité et la même vitesse dans tous les cas »[15]; elle réside, bien davantage, dans l'idée d'un lien direct entre préjugé raciste et position dominante dans une situation de relations de races. Le racisme, même si, ici, rappelons-le, l'expression est anachronique, est avant tout pour Park une expression de « conservatisme », une « résistance au changement de l'ordre social »[16]. Ce qui constitue une explication un peu courte du préjugé raciste. Surtout, en ne remettant pas en cause la notion de race, essentiellement dans ce qu'elle prétend avoir d'objectif, Park et ses élèves les plus proches fondent leur sociologie sur une catégorie en sous-estimant le fait qu'elle est très largement un construit social et historique ; ils ignorent ou sous-évaluent les mécanismes qui produisent le racisme chaque fois qu'il repose non pas nécessairement sur des relations concrètes, sur une expérience vécue, mais bien davantage sur des représentations, des fantasmes, un imaginaire qui n'a pas toujours grand-chose à voir avec les caractéristiques objectives de ceux qu'il vise. L'école des *race relations* a apporté des connaissances concrètes et permis de prendre une distance, encore relative, avec les théories biologiques de la race ; elle en a fait un élément de l'identité d'acteurs communautaires, bien plus qu'elle ne s'est véritablement intéressée au racisme[17].

3. Race, caste et classe

« A l'origine, explique Park, les relations de race dans le Sud pouvaient être assez bien représentées par une ligne horizontale, avec les Blancs au-dessus et les Noirs au-dessous [...]. Avec le développement de classes industrielles et de professionnels dans la race noire, la distinction entre les races tend à prendre la forme d'une ligne verticale. D'un côté de cette ligne, les Noirs sont représentés dans la plupart des classes d'emploi et de profession ; de l'autre côté, les Blancs sont représentés de façon similaire. Le résultat est le développement, dans toutes les classes, d'organisations professionnelles et industrielles bi-raciales. Celles-ci préservent les distinctions de races, mais en modifient le contenu[18]. »

Cette idée d'une double distinction : de classe – c'est-à-dire, en fait, de position relative dans l'échelle de la stratification sociale – et de caste – c'est-à-dire de ségrégation fixée par une *color line* –, permet à la sociologie des relations de races de ne pas s'enfermer dans une pure écologie urbaine ou spatiale et de s'intéresser à la structure générale de la société – ici, américaine. Elle a été précisée par W. Lloyd Warner, qui a diagonalisé la ligne tracée par Park dans un texte que résume bien le diagramme célèbre qu'il a proposé[19] :

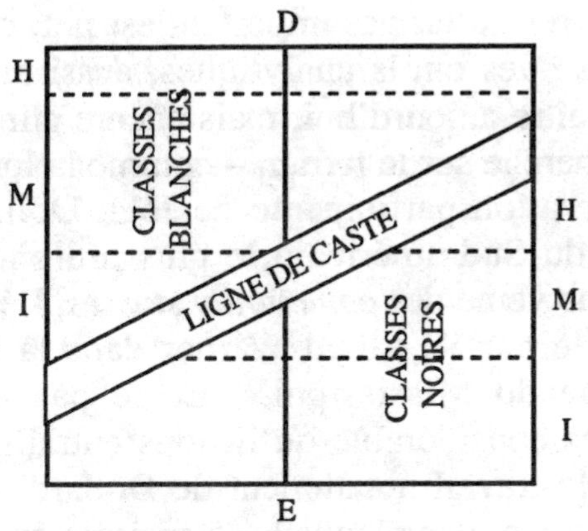

H : classes les plus hautes - M : classes moyennes - I : classes inférieures - DE : dernière position de la ligne de caste.

Ce diagramme et l'idée force qui l'anime ont été souvent discutés et critiqués, par W. E. B. Du Bois, Gunnar Myrdal, Oliver Cox et bien d'autres chercheurs[20]. Il nous semble que la tentative de relier ainsi les notions de race, classe et caste produit plus une représentation empirique de la place des Noirs dans la société américaine qu'une quelconque théorie du racisme. Elle procède d'une définition « faible » de la notion de classe, en fait synonyme ici de statut social[21], et d'un usage contestable de la notion de caste – importée des Indes éventuellement *via* Max Weber, mais sans grand effort critique. Mais elle présente l'intérêt d'inaugurer le travail de courants, aujourd'hui très importants, qui étudient le fonctionnement du système social dans ses mécanismes de rejet et d'exclusion où se *combinent* racisme proprement dit et mise à la marge d'un prolétariat ou d'un sous-prolétariat, oppression raciale et subordination économique et sociale[22]. Nous verrons plus loin comment il faut passer de la *color line*, référée pour l'instant à l'idée de caste, à la notion de racisme, ou encore des notions de statut ou de classe, telles qu'elles sont utilisées par Warner, à celle de mouvement social. Mais, pour l'instant, nous pouvons considérer qu'un pas important est fait, qui non seulement propose des outils analytiques, aussi ambigus qu'ils puissent paraître aujourd'hui, mais encore alimente des travaux de recherche sur le terrain – comme la longue et pénétrante observation participante de John Dollard dans une petite ville du Sud américain le plus profond, ou encore, dans la même veine des *community studies*, l'étude du Deep South dirigée par W. Lloyd Warner dans la ville de Natchez, proche du Mississippi[23]. Et ce pas lui-même est d'autant plus considérable qu'il nous entraîne immédiatement, avec le travail notamment de Dollard, vers une tout autre perspective, dans laquelle le racisme apparaît comme un ensemble de préjugés et d'attitudes, une « structure émotionnelle », et non pas simplement comme un sous-produit ou une rationalisation instrumentale d'une situation de domination d'une race sur une autre.

3
Préjugé et personnalité

L'étude des relations de races, dont on vient de voir l'apport, mais aussi les limites, définit, selon le mot de Michael Banton, une « proto-sociologie » du racisme ; une seconde inflexion, qui s'opère en bonne partie en son sein, va nous faire entrer bien plus nettement dans l'analyse du racisme et, plus précisément, dans celle d'une de ses formes élémentaires, le préjugé.

Là encore, les États-Unis constituent le plus important laboratoire sinon d'idées, du moins de recherches concrètes.

1. Des relations de races aux théories du préjugé

La transition qui s'opère vers la fin des années trente, entre la sociologie des *race relations* et celle du préjugé raciste, n'est nulle part aussi manifeste que dans l'étude, déjà citée, de John Dollard sur « Southertown » – nom fictif de cette ville du Sud où l'auteur s'installe durant de longs mois, chercheur blanc venu du Nord étudier *in situ* la façon dont un système de castes façonne la vie économique, politique et personnelle. La richesse des observations de Dollard est impressionnante, et ce qu'il dit du rapport du chercheur à son objet mériterait examen ; pourtant, si son livre attire ici plus spécialement notre attention, c'est surtout par la théorie du préjugé qui vient le conclure.

Le préjugé, certes, pour Dollard comme pour bien d'autres auteurs avant lui, est enraciné dans une situation, une relation de races ; il constitue une « attitude défensive destinée à préserver les prérogatives des Blancs dans la situation de caste et à résister agressivement à toute pression des Noirs pour modifier leur position d'infériorité[1] ». Mais il ne s'explique pas par le vécu de cette situation, par le rapport concret entre Blancs et Noirs, il doit être analysé en lui-même, il appelle des catégories psycho-sociologiques qui doivent elles-mêmes beaucoup aux débats du moment sur la relation entre culture et personnalité, ainsi qu'à l'influence de Freud. Dollard, nous rappelle Daniel Patrick Moynihan dans son avant-propos à l'édition de 1988 de *Caste and Class in a Southern Town*, fut le « premier freudien dans les sciences sociales américaines[2] ».

L'idée décisive, ici, est peut-être mieux formulée par un psychologue que Dollard cite longuement, Eugene L. Horowitz, que par lui-même : « les attitudes envers les Noirs sont désormais principalement déterminées non par le contact avec eux, mais par le contact avec l'attitude prévalente à leur égard[3] ». Le préjugé se reproduit, et sa reproduction se comprend d'autant mieux qu'on dispose d'une théorie psycho-sociale de l'agression et de la frustration ; il faut donc se tourner du côté des porteurs du préjugé racial, de la formation de leur personnalité, de la façon dont ils gèrent leurs difficultés personnelles et collectives. Chez tout individu, explique Dollard, les restrictions vécues pendant l'enfance et les problèmes de la vie adulte créent des frustrations et, en réponse ou en réaction à ces frustrations, de l'agressivité ou de l'hostilité. Mais l'hostilité ne peut s'exprimer à l'intérieur de son propre groupe, qui en décourage l'expression ; elle va transiter ailleurs, là où, en particulier, une tradition de préjugé racial l'autorise : « le préjugé racial est mystérieux parce que aucune occasion réelle n'est requise pour son expression ; il n'est pas nécessaire que son objet constitue une offense ou une source de frustration. Au contraire, les hostilités qui devraient être dirigées vers des personnes plus proches ou plus chères sont détournées sur cet objet [...][4] ». Trois « concepts clés » éclairent dès lors, selon Dollard, le préjugé racial :

– celui d'agression généralisée, ou flottante, elle-même liée aux frustrations des Blancs ;

– celui de modèle social de permissivité à l'égard du racisme, qui fait qu'il est possible d'isoler dans la société un groupe détesté et sans défense, vers qui sera orientée l'hostilité ;

– celui, enfin, d'identification uniforme, qui signifie qu'il est possible de reconnaître sans difficulté ceux qu'il est normal de ne pas aimer.

Cette théorisation n'est pas éloignée de l'idée du bouc émissaire, et elle appelle bien des critiques. En particulier, on voit mal comment elle pourrait s'appliquer aux situations où l'Autre, le Juif notamment, est d'autant plus haï qu'il est de fait non visible ou repérable et où non seulement la race mais aussi les caractères physiques sont une construction totalement imaginaire. Mais l'essentiel est que, avec Dollard, l'analyse cesse de se centrer sur une relation de races pour commencer à basculer nettement du côté de l'acteur raciste. Le préjugé n'est plus la rationalisation instrumentale d'une domination, ou plus seulement ; il devient un mode de résolution de problèmes et de tensions qui s'originent ailleurs que dans le contact entre races : dans l'expérience vécue des membres du groupe racisant, qui trouvent dans le groupe racisé l'exutoire de leurs difficultés sociales et psychologiques.

2. Le dilemme américain

Cette perspective s'est considérablement élargie, et d'autres en même temps, avec le véritable monument que constitue l'ouvrage fondamental de Gunnar Myrdal : *An American Dilemma. The Negro Problem and Modern Democracy*[5]. De cet édifice colossal, qui mobilisa pendant quatre années un nombre impressionnant de chercheurs, il serait absurde, et contraire à notre objectif, de chercher à rendre compte de manière exhaustive. Nous nous contenterons, là aussi, de souligner certains apports, à commencer par ceux qui permettent de bien marquer le dégagement par rapport aux approches antérieures.

Le ton est donné en fait par Myrdal dès l'introduction de son livre : le problème noir, aux États-Unis, se joue « dans le cœur des Américains[6] » ; c'est une question morale, un dilemme, qui concerne avant tout les Blancs qui vivent un conflit interne entre le « *credo* américain » – ensemble de préceptes hautement nationaux et chrétiens, de valeurs morales – et, par ailleurs, la valorisation d'intérêts individuels ou spécifiques, économiques, sociaux, sexuels, de considération de prestige et de conformité aux normes – bref, d'orientations individualistes de l'action qui se traduisent par l'oppression des Noirs. C'est pourquoi, explique Myrdal, son livre s'intéresse avant tout à ce qui se passe dans l'esprit des Blancs. Au départ, il pensait devoir mettre l'accent sur le peuple noir et ses caractéristiques : modes de vie, sentiments, stratification sociale, migrations, religions, délinquance, etc. Mais, progressivement, il lui devint « évident que peu, voire rien ne pouvait être expliqué scientifiquement en termes de particularités des Noirs eux-mêmes[7] » : le concept de Noir est social, et non biologique, et le racisme repose non pas sur la connaissance de l'Autre, mais, bien davantage, sur l'ignorance. Ignorance, chez Myrdal, ne signifie pas manque d'intérêt ou de curiosité. C'est plutôt une restriction, plus ou moins nécessaire, qui se traduit par des stéréotypes, des formules magiques, toujours lourdes d'émotion ; la connaissance est constamment distordue, orientée « dans le sens d'un abaissement du Noir et d'une élévation du Blanc[8] ». L'ignorance, c'est aussi une façon de désigner les Noirs de façon impersonnelle – « eux », « ils » –, ou de n'en parler que de manière négative – à propos de leurs crimes par exemple. A la limite, l'ignorance est de l'ordre de l'évitement ou de la négation du problème noir, ce qui fait qu'on imprime rarement le portrait d'un Noir dans la presse des États du Sud des États-Unis – le Noir est bien, pour reprendre l'expression célèbre de Ralph Ellison, l'« homme invisible[9] ».

La racisme frappe également Myrdal par son caractère irrationnel : le même sudiste, par exemple, vante les vertus des bons vieux Noirs et dénonce les vices des jeunes Noirs, rebelles et déformés par l'école, en même temps qu'il stigmatise l'ignorance et l'attardement des uns et s'enthousiasme pour l'intelligence et l'éducation qu'il observe chez les autres.

Enfin, le racisme tient les Noirs dans un statut d'infériorité et, de ce point de vue, concerne avant tout ceux qui ont le plus peur de voir la distance avec eux s'abolir : les « petits Blancs », socialement souvent proches des Noirs, et qui vont reporter sur eux la discrimination, la menace, l'exploitation, les frustrations qu'ils subissent dans leurs rapports sociaux avec d'autres Blancs. Le raisonnement est poussé par Myrdal bien plus loin que chez Tocqueville ou Weber, où nous l'avons déjà vu s'ébaucher. Il inclut une explication du moindre racisme observable chez les classes supérieures blanches, qui, grâce au souci des « petits Blancs » de marquer une distance raciale, évitent d'avoir à gérer les « tâches difficiles liées au monopole du pouvoir et à ses avantages[10] » ; il suggère, également, l'idée d'un rapprochement, dans l'idéologie raciste, entre Blancs de divers milieux sociaux qui, dans d'autres situations, s'opposeraient ou s'éloigneraient. Cette idée, pourtant bien illustrée, sera vigoureusement contestée par toute une série d'auteurs marxistes ou marxisants – à commencer par Oliver Cox –, qui en appellent à l'image, très différente, d'une communauté d'intérêts entre prolétaires, qu'ils soient blancs ou noirs. Assurant le maintien d'une distance qui risque de s'abolir socialement, le racisme ne saurait tolérer le mélange racial et passe par des sanctions éventuellement meurtrières (lynchage) chaque fois que la pureté de la race est menacée du point de vue des Blancs. Des relations illicites entre un homme blanc et une femme noire sont possibles – et décrites par Myrdal –, mais pas l'inverse, et, surtout, le métissage constitue une hantise, et le mariage d'une Blanche avec un Noir est intolérable. A la limite, le refus de l'égalité sociale, la ségrégation, la discrimination dans toutes les sphères de la vie – dans le loisir, à l'église, dans l'éducation, la politique, le logement ou l'emploi – peuvent se comprendre comme une précaution pour empêcher le mélange biologique – thèse qui n'est pas loin de celle qui met en avant le désir d'homofiliation physique pour rendre compte du fondement ultime du racisme[11].

L'idée centrale de Myrdal, celle d'un dilemme entre les plus hautes valeurs de la nation et de la démocratie américaines et les tendances à en exclure les Noirs, ne signifie pas qu'il y ait pour lui une situation bloquée ; il pense, au contraire, qu'un progrès est possible, et même observable, qui passe par l'assimilation individuelle des Noirs mais, surtout, par des changements dans les mentalités des Blancs[12]. On a pu lui reprocher d'être aveugle aux formes d'organisation des Noirs, qui se développeront de fait surtout à partir des années soixante ; de sous-estimer les éléments les moins positifs, les moins idéalistes, du « *credo* américain » ; de parler de dilemme là où il vaudrait mieux parler d'incohérence[13]. On a pu également trouver qu'il se refuse à voir la situation matérielle des Noirs et qu'il s'engage, comme a dit Cox, dans une approche « mystique ».

De telles critiques ne doivent pas faire oublier la masse impressionnante d'informations et d'analyses synthétisées par Myrdal. Mais, surtout, elles ne doivent pas masquer la qualité première de son raisonnement, qui est d'accepter, pour comprendre le racisme, de s'écarter de l'expérience concrète des rapports entre Blancs et Noirs – au demeurant largement traitée elle aussi – pour examiner en priorité le travail idéologique des Blancs sur eux-mêmes, leurs contradictions internes, leur dilemme.

3. Racisme et personnalité

Ni Dollard ni Myrdal, pour nous en tenir à ces deux hautes figures, ne rompent totalement avec l'observation empirique, sur le terrain, des relations de races. Ils s'en détachent, mais ne s'extraient nullement des réalités sociales au cœur desquelles se déploie le racisme.

D'autres, par contre, vont aller beaucoup plus loin, en se dégageant davantage encore de la situation dans laquelle s'observe le racisme pour examiner ses fondements psychosociaux et y voir, avant tout, l'expression d'un type de personnalité.

Peut-être faudrait-il ici s'intéresser à des auteurs aussi importants que Eysenck, Allport ou Klineberg[14]. Pourtant, le pas décisif est franchi, de la manière la plus nette qui soit, par des chercheurs qui, même s'ils travaillent aux États-Unis, se définissent fondamentalement par la référence, parfois vécue, à une expérience qui s'est jouée ailleurs, en Europe : l'expérience de l'antisémitisme nazi et de la « solution finale ». Peut-on trouver un lien entre l'expression des préjugés et les traits de la personnalité ? Y a-t-il des prédispositions individuelles au préjugé, et lesquelles ? Qu'est-ce qui fait qu'une personne est sensible, ou non, au discours d'un Goebbels ? Telles sont les interrogations, formulées par Max Horkheimer, qui animent le programme d'études sur le préjugé sponsorisé dans l'immédiat après-guerre par l'American Jewish Committee. Dans ce programme, certains auteurs vont s'efforcer de montrer comment une expérience forte peut renforcer les liens entre personnalité et préjugé. C'est ainsi que Bruno Bettelheim et Morris Janowitz étudient l'intolérance ethnique auprès de soldats ayant connu de fortes privations, mais aussi le prestige des combattants de la Seconde Guerre mondiale, et qui vivent ensuite un sentiment de mobilité descendante ; ou que Leo Lowenthal et Norbert Guterman s'intéressent aux mécanismes par lesquels un sentiment diffus se transforme en conviction et action politiques[15].

Dans ce programme de recherche informé par l'angoisse de voir un phénomène de type nazi se reproduire et le souci de contribuer à l'éradication du racisme à la base, au moment où se forme la personnalité, l'étude qui mérite le plus notre intérêt est sans conteste la célèbre enquête dirigée par Adorno sur la personnalité autoritaire[16].

L'hypothèse centrale d'Adorno est que les convictions d'un individu, qu'elles soient économiques, sociales ou politiques, forment un ensemble relativement large et cohérent, un *pattern*, comme si elles étaient liées les unes aux autres par un « esprit », une « mentalité ». Le *pattern* n'est autre, pour Adorno, que l'expression des tendances profondes de la personnalité.

Celle-ci se forme dans l'enfance, et surtout au sein de la famille et à travers l'éducation ; mais elle n'est pas donnée une fois pour toutes, « elle évolue sous l'impact de l'environnement social[17] ». Le racisme, et plus précisément l'antisémitisme – qui est l'objet de la recherche d'Adorno –, relève d'un type de personnalité particulière, autoritaire, antidémocratique, conservatrice, orientée politiquement à droite et informée par une idéologie fortement ethnocentrique. La personnalité autoritaire est plus courante chez les personnes qui professent une filiation religieuse, surtout lorsque l'acceptation de la religion exprime la soumission à un modèle tranché d'autorité parentale ; elle implique à l'égard des parents peu d'amour authentique, une glorification stéréotypée, superficielle, lourde de ressentiment et du sentiment d'avoir été leur victime. Le sentiment d'admiration est accepté, mais l'hostilité sous-jacente est refoulée. La personnalité autoritaire minimise les conflits parentaux et reproduit la discipline familiale connue dans l'enfance, et vécue alors comme arbitraire. Le mélange d'identification superficielle de l'enfant aux parents et de ressentiment envers eux, et envers l'autorité en général, se traduit par un phénomène de surconformité accompagné du désir de détruire en même temps l'autorité établie, les traditions, les institutions – ambivalence qui fut au cœur du nazisme, et que l'on retrouve en matière sexuelle (admiration en surface, ressentiment sous-jacent contre l'autre sexe). Enfin, la personnalité autoritaire est très conformiste, peu capable de reconnaître ses tendances impulsives – et donc de les gérer –, d'exprimer sa peur, sa faiblesse, sa sexualité – ce qui aboutit à externaliser sur d'autres la menace, la faiblesse, etc.

Les méthodes utilisées par Adorno sont au plus loin de celles de l'observation participante ou de l'enquête empirique, menée sur le terrain pour étudier les *race relations*. Il s'agit, en effet, au-delà de questions factuelles, de situer des individus sur des échelles d'opinions ou d'attitudes et, à l'aide de techniques projectives, de repérer chez chacun d'eux la marque éventuelle d'une structure de personnalité autoritaire. C'est ainsi que, après avoir fait interroger plus de 2 000 personnes à l'aide d'un questionnaire (membres de clubs, malades d'hôpitaux psychiatriques, détenus, élèves officiers de la marine marchande, hommes et femmes de divers milieux sociaux), celles qui correspondaient aux scores les plus hauts (25 %) et les plus bas (25 %) dans les échelles d'ethnocentrisme établies par Adorno furent l'objet d'une étude plus approfondie destinée à s'enfoncer plus à fond dans leur personnalité.

L'impact de cette recherche – qui mettait en évidence la présence, aux États-Unis, de personnes nettement autoritaires et aux tendances antisémites – a été considérable et a suscité de nombreux travaux dans la même veine, ainsi qu'une critique abondante, parfois très constructive – comme ce fut le cas avec Milton Rokeach[18]. L'important, ici, est de souligner le déplacement qu'apporte le cadre conceptuel adopté par Adorno. Le racisme, ici, s'origine en dehors de la situation dans laquelle il s'exprime éventuellement, il relève d'un quasi-invariant : les facteurs de personnalité, même s'il n'apparaît ouvertement que dans un contexte favorable. Un peu comme Sartre – dont il découvre les *Réflexions sur la question juive*[19] au moment où s'achève sa propre recherche, et dont il se dit alors très proche –, Adorno voit dans les antisémites des individus qui, compte tenu de leur personnalité, réagissent dans un certain sens dans des situations données : « les forces de personnalité sont non pas des réponses, mais des dispositions à la réponse[20]... ». Le préjugé racial n'est plus, avec lui, une rationalisation plus ou moins instrumentale d'une domination, ni même, comme chez Myrdal, un problème moral, un des deux pôles d'une contradiction vécue par un groupe dominant ; il est enraciné au plus profond de la *psyché.* On n'est pas encore ici dans une pure anthropologie ou psychologie du racisme, puisque la personnalité autoritaire résulte chez Adorno d'un processus de socialisation et d'éducation. Mais on s'en rapproche, en spécifiant de plus en plus un noyau dur du phénomène, extérieur aux rapports sociaux concrets dans lesquels il se manifeste. Ce qui est surprenant, notons-le au passage, de la part d'un homme qui fut une des plus hautes figures de l'école de Francfort et qui s'écarte ici considérablement du marxisme, tel qu'il fut réinterprété par cette école.

4. L'éclatement de l'objet

Avec Adorno – qui demande qu'on distingue deux types de facteurs dans l'antisémitisme : les uns de situation, les autres de personnalité –, se précise une dissociation entre deux ordres de problèmes : ceux qui renvoient au système social et ceux qui ont trait à l'acteur raciste. En même temps, race et racisme, chez cet auteur comme chez beaucoup d'autres, sont totalement séparés ; il s'agit d'expliquer le racisme en dehors de toute référence à une quelconque réalité de la race – ce que dit aussi Sartre à sa manière, dans une formule célèbre, lorsqu'il affirme que le Juif est défini par le regard de l'Autre : « c'est l'antisémite qui crée le Juif[21] ». Cette évolution considérable dans le mouvement des idées appelle trois observations. La première concerne l'extension, esquissée avant même Adorno, des travaux centrés sur la psychologie du racisme et du préjugé racial – dont Allport explique qu'il se distingue du préjugement dans la mesure où « il est non réversible lorsqu'il est exposé à une connaissance nouvelle », où il résiste activement aux faits même s'ils le démentent[22]. Le racisme, surtout dans une perspective psychanalytique, devient l'incapacité de certains à gérer la différence, mais aussi la ressemblance avec l'Autre, l'étranger, la femme aussi – et cette incapacité, qui s'exprime différemment selon les circonstances, voire selon les milieux sociaux, est inscrite dans un inconscient que l'analyste serait le mieux à même de dévoiler. C'est ainsi que J.-B. Pontalis, dans un entretien avec le biologiste Albert Jacquard, note que ce qui est premier, c'est l'effroi que cause l'Autre. Mais « cet effroi est une fascination, donc aussi une attirance [...]. Cet étranger n'est pas n'importe quel étranger, il ne provoque un sentiment d'étrangeté que parce qu'il est aussi mon semblable [...]. C'est pourquoi je tiens pour fausse, ou en tout cas incomplète, l'idée admise selon laquelle le racisme témoignerait d'un refus radical de l'Autre, d'une intolérance foncière aux différences, etc. Contrairement à ce que l'on croit, l'image du semblable, du *double*, est infiniment plus troublante que celle de l'Autre[23] ». Julia Kristeva va elle-même encore plus loin : l'Autre, l'étranger qui suscite animosité et agacement, c'est en fait mon propre inconscient, le retour du refoulé, et très précisément de la crainte de la mort et, pour l'homme, du sexe féminin : « l'étranger est en nous[24] » et « lorsque nous fuyons ou combattons l'étranger, nous luttons contre notre inconscient ». Le racisme, ici, n'a plus rien à voir avec la race, ni même avec les caractéristiques de ceux qu'il vise ; il est naturalisé, tapi au fond de l'inconscient, ou identifié à lui, dans une perspective qui tend à le désocialiser.

Ce point de vue repose sur l'idée que la notion de races humaines elle-même ne fait pas sens. Cette notion, qui est encore présente chez ceux qui s'intéressent aux « relations de races », a depuis longtemps été récusée en dehors de certains courants minoritaires – mais qu'il ne faudrait pas sous-estimer –, pour lesquels l'étude des gènes est venue remplacer la mensuration des os ou l'observation de la pigmentation de la peau. Mais – et c'est notre deuxième observation – le recul de la notion de race n'a jamais été aussi brutal qu'après la Seconde Guerre mondiale et la découverte d'Auschwitz, lorsque l'UNESCO s'engage dans la dénonciation scientifique des doctrines racistes et que de nombreux savants – et parmi eux les plus prestigieux biologistes – expliquent que l'idée de races est un non-sens, que la distance génétique entre individus d'une même « race », par exemple, est comparable à celle qui sépare deux supposées races[25].

Enfin – troisième observation –, on constate que l'idée de race, au moment où elle est désertée par la plupart des autorités scientifiques et morales du monde occidental, fait paradoxalement son chemin du côté de ceux que jusqu'ici elle stigmatisait, opprimait ou excluait. Ce chemin est parfois un produit surprenant d'un relativisme culturel poussé à l'extrême. C'est ainsi qu'en 1947, à l'instigation de Melville Herskovits, l'American Anthropological Association déposa auprès de l'ONU un projet de déclaration sur les droits de l'homme visant à interdire les discriminations raciales et culturelles. La position de Herskovits, qui déclencha une importante controverse, reposait sur l'idée que les communautés noires du Nouveau Monde s'appuient sur des survivances de leurs cultures africaines d'origine ayant résisté au déracinement, à l'esclavage, puis à son abolition – ce qui laisse à penser qu'il y aurait, chez les Noirs américains, un noyau irréductible, qui tiendrait à leurs origines et les rendrait inassimilables. Mais le plus spectaculaire, ici, va bien au-delà de ce cheminement intellectuel ; il est dans le développement, sur fond d'éveil nationaliste et d'action anticolonialiste, de courants identitaires oscillant entre des définitions d'eux-mêmes plutôt culturelles, historiques et politiques, ou plutôt raciales – avec alors par exemple des appels à l'africanité ou à la négritude, ou le projet d'un « Black Power ».

Ces trois observations forment système. A partir du moment où le cadre conceptuel des *race relations* se déstructure, même s'il conserve aujourd'hui encore une réelle vivacité, le mouvement des idées éclate lui-même, et emprunte au moins les trois directions qui viennent d'être évoquées : la race devient une notion antiscientifique et nuisible pour ceux qui se réclament de la science et de la morale, elle est brandie dans leur combat par des groupes dominés ou exclus – et par leurs idéologues –, tandis que le racisme semble se détacher de l'expérience vécue du contact entre groupes définis par la race pour apparaître comme un attribut plus ou moins désocialisé et naturalisé des individus qui l'expriment, une mentalité, un type de personnalité[26]. Ce qui, d'une certaine façon, nous permet de mieux définir l'enjeu d'une sociologie du racisme. Celle-ci a tout à gagner à se délester de la notion de *race* comme catégorie d'analyse. Mais elle a beaucoup à perdre à s'écarter de l'étude de *relations*. En se centrant sur l'acteur raciste, ses préjugés, sa personnalité, les sciences sociales reconnaissent une dimension essentielle du phénomène raciste, qui ne se comprend pas sans référence à la conscience ou à la subjectivité de l'acteur ; mais elles courent le risque de décontextualiser cette conscience ou cette subjectivité, d'extraire le racisme des relations où il surgit ou se développe. Que celles-ci puissent être difficilement réduites à des relations de races ne doit pas nous inciter pour autant à dissocier le porteur du préjugé ou de la personnalité raciste des rapports où se fonde et s'exprime le racisme, mais nous engager à repérer ces rapports – sociaux et intersociétaux – et à examiner les processus de gestion et de perte du sens que vient traduire le racisme. Disons-le d'un mot : les théories du préjugé et de la personnalité nous invitent à étudier l'acteur ; celles des relations de races nous rappellent, même si elles en proposent une définition non satisfaisante, qu'il n'y a pas d'acteur sans système d'action, sans rapports sociaux ou intersociétaux.

4

Le racisme comme idéologie

L'horreur suscitée par l'antisémitisme nazi, les débats autour de la décolonisation – quand les peuples et nations du tiers monde ont commencé à s'affirmer comme tels –, la montée de mouvements noirs dans les États-Unis des années soixante mais aussi, bien que plus faibles, dans les Antilles françaises et britanniques, chacun à sa façon, rendent difficile de s'en tenir à des analyses qui se centrent en définitive sur des individus définis en termes de préjugés ou de structure de personnalité. Face à un racisme plus ou moins institutionnalisé dans des États ou des forces politiques, face, en particulier, à un antisémitisme qui fut au cœur même de l'expérience du Troisième Reich, le mouvement des idées s'est aussi orienté vers des analyses politiques du phénomène, alors perçu comme une grande idéologie ou, tout au moins, comme une pensée mythique informant l'action politique.

1. L'idéologie raciste

Tout au long du XIXe siècle, le racisme savant, au sein des sociétés européennes, n'a guère été plus qu'un ensemble de doctrines et d'opinions qui rencontraient assez largement les faveurs du public ; à partir du moment où ces doctrines et opinions entrent dans un espace politique, elles deviennent des idéologies à part entière – l'idéologie étant « un système fondé sur une opinion unique se révélant assez forte pour attirer une majorité de gens et suffisamment étendue pour les guider à travers les diverses expériences et situations d'une vie moderne moyenne. Car une idéologie diffère d'une simple opinion en ceci qu'elle affirme détenir soit la clé de l'histoire, soit la solution à toutes les énigmes de l'univers, soit encore la connaissance profonde des lois cachées de l'univers qui sont supposées gouverner la nature et l'homme[1] ». Avec cette définition, Hannah Arendt installe le racisme au rang d'un des grands problèmes politiques du XXe siècle : « les idéologies à part entière ont toutes été créées, perpétuées et perfectionnées en tant qu'armes politiques, et non en tant que doctrine théorique [...]. Sans contact immédiat avec la vie politique, aucune d'elles ne serait même imaginable[2] ».

Ainsi, dans son grand livre sur les origines du totalitarisme, Hannah Arendt consacre-t-elle un chapitre entier à la naissance de l'idéologie raciste, phénomène à ses yeux profondément moderne et occidental. Sa démarche n'a pas seulement le mérite de s'intéresser au passage du racisme au niveau politique ; elle a aussi celui de montrer comment le mouvement s'est opéré, selon des processus distincts en France, en Angleterre et en Allemagne – ses trois foyers initiaux les plus importants.

En France, le point de départ se situe au sein d'une catégorie sociale bien précise : la noblesse, qui se sent menacée avant même que survienne la Révolution de 1789. Au début du XVIIIe siècle, le comte de Boulainvilliers, tel qu'il est décrit par Hannah Arendt, préfigure bien un racisme dont la source réside dans les inquiétudes des nobles. Cet homme ne peut accepter que le roi et la monarchie s'identifient, et eux seuls, à la nation tout entière ; mais, par ailleurs, il pressent la montée du tiers état : entre le roi et le peuple, l'espace de la noblesse lui semble difficile à percevoir. C'est pourquoi il réclame pour elle une distinction originelle, une spécificité qui tient à ses origines généalogiques.

Il esquisse ainsi une pensée raciale de la noblesse qui lui permet de s'opposer d'un côté au peuple et à la bourgeoisie, et d'un autre côté à la monarchie absolue. Après la Révolution, Gobineau, « curieux mélange de noble frustré et d'intellectuel romantique », dit Hannah Arendt[3], verse lui aussi dans une pensée raciale qui traduit le déclin de la noblesse : « petit à petit, il identifia la chute de sa caste avec la chute de la France, puis avec celle de l'humanité tout entière[4] ». Ainsi, la naissance du racisme, en France, serait le fait d'un groupe social, la noblesse, qui ne peut que s'opposer à la nation française telle que l'inventent ses adversaires : la monarchie comme le tiers état. Au départ, le racisme français serait plutôt antipatriotique, non nationaliste, voire progermaniste.

Tout change si l'on considère l'Allemagne, où la pensée raciale est préparée par la question de l'unité nationale. Les romantiques allemands, pendant et après la guerre de 1814, exaltent la personnalité innée, la noblesse naturelle ; de leur côté, les nationalistes allemands, à défaut d'une unité politique qui n'existe pas, proposent une définition idéologique de la nation et parlent d'une origine tribale commune. Ces deux courants cheminent longtemps côte à côte, et ne sont alors chacun « rien de plus qu'un moyen temporaire d'échapper aux réalités politiques. Une fois amalgamés (à la fin du XIXe siècle), ils constituèrent la base même du racisme en tant qu'idéologie à part entière[5] ».

Enfin, en Angleterre, le racisme va également de pair avec le nationalisme. On trouve par exemple chez Burke, à l'époque de la Révolution française, l'idée que le peuple ou la nation anglais possède en héritage inaliénable un droit à la liberté – droit des Anglais, et non droits de l'homme. Cette idée, très largement répandue, va être complétée par la doctrine du polygénisme – qui affirme une distance absolue entre races, puisqu'elles procèdent de plusieurs origines distinctes –, puis par le darwinisme – qui apporte les « armes idéologiques de la domination de race aussi bien que de classe » en expliquant que seuls les meilleurs survivent, et qui se prolonge par l'eugénisme. Deux points forts jalonnent ici l'analyse proposée par Hannah Arendt. Le premier est que le racisme a très vite à voir avec l'expansion coloniale britannique et, plus précisément, avec le projet de bâtir un empire. Benjamin Disraëli constitue de ce point de vue une figure centrale. Cet homme d'État ne pense pas en termes de colonies – « les colonies, s'écrie-t-il, ce poids mort que nous ne gouvernons pas ! » –, mais en termes d'empire ; c'est lui qui implante l'administration britannique en Inde, assurant, dit Hannah Arendt, « l'établissement en pays étranger d'une caste fermée dont le seul rôle se bornait à gouverner, et non à coloniser[6] ». Or, cet homme, apparemment non entravé par ses origines juives, est typique d'un racisme qui insiste constamment sur l'idée d'une supériorité de la race anglaise, et il se réfère à une aristocratie de nature. Un second élément important, à suivre Hannah Arendt, est que le racisme est avant tout l'invention de la classe moyenne, qui « voulait des savants capables de prouver que les grands hommes, et non les aristocrates, étaient les véritables représentants de la nation, ceux qui en manifestaient le "génie de la race"[7] » – point de vue qui était aussi celui de Disraëli, pour qui *« all is race ; there is no other truth »*.

On peut donc, selon Hannah Arendt, opposer la France d'un côté, l'Allemagne et l'Angleterre de l'autre, l'invention de la pensée raciale par la noblesse ou par des porte-parole des classes moyennes qui se nourrissent d'un véritable sentiment national. Une telle analyse est peut-être plus brillante que démonstrative[8]. Mais on y trouve l'effort pour associer le racisme, phénomène idéologique et politique, d'une part au travail de diverses sociétés sur elles-mêmes, et aux projets ou difficultés de catégories sociales données, et d'autre part à la montée des nationalismes – que ce soit pour y être partie prenante (Allemagne, Angleterre) ou de manière réactive (France).

2. Le racisme comme idéologie moderne

Louis Dumont, lui aussi, s'intéresse au racisme comme idéologie et, plus précisément, comme idéologie moderne, « système d'idées et de valeurs caractéristiques des sociétés modernes[9] ». Mais son cadre conceptuel s'écarte à certains égards de celui proposé par Hannah Arendt. Il repose, en premier lieu, sur l'opposition – qui traverse toute son œuvre – entre individualisme et holisme. Dans les sociétés holistes, fondées sur un principe de hiérarchie, l'individu est subordonné au groupe, qui lui confère un statut ; à l'inverse, le fonctionnement des sociétés individualistes se comprend à partir de l'individu, défini par son égalité de droits avec tout autre individu, et non par sa place ou par un statut prédéterminé.

Pour Dumont, le holisme est la règle – qu'il a longuement étudiée dans son analyse magistrale du système des castes aux Indes –, système d'essence religieuse fondé sur la séparation entre pur et impur. Et l'individualisme est l'exception, identifiable à l'Europe et à l'Occident à partir du XVIIIe siècle.

Si la distinction entre holisme et individualisme apporte à Dumont la clé de l'émergence du racisme comme phénomène idéologique, c'est tout simplement parce qu'il constate que c'est lorsque l'on passe de l'un à l'autre que s'ouvre la possibilité du racisme. L'idée peut être formulée en termes sociologiques : le racisme se développe aux États-Unis, note Dumont, lorsque l'esclavage est supprimé et que saute la distance instituée qu'il impliquait, et que le racisme va reconstituer. Mais le raisonnement de Dumont relève davantage de l'anthropologie politique : le racisme naît avec la poussée de l'égalitarisme et la dissolution de la pensée holiste, il constitue un fruit empoisonné des Lumières, un produit spécifique de la modernité et de l'individualisme qu'elle signifie.

Ce raisonnement – qu'on peut déduire, en particulier, de son livre sur l'*Homo aequalis*[10] – est plus profond que le constat, trop souvent superficiel, d'une corrélation entre Grandes Découvertes, Lumières, industrialisation capitaliste, nationalisme, ou colonialisme, et racisme ; il repose en effet sur l'idée d'un lien fondamental entre valorisation de l'individu, égalitarisme, sous-valorisation de la société comme totalité, et racisme. Mais quelle est la nature de ce lien ? Dans un premier temps, Dumont a développé l'idée que le racisme surgit dans la déstructuration de la société traditionnelle. Pourtant, dans ses écrits les plus récents, il propose une analyse plus élaborée que celle qui, au fond, fait du racisme une conduite de crise. Le problème, en effet, n'est plus tant celui du passage, de la mutation d'un type sociétal vers un autre, que celui d'une cohabitation nécessaire et impossible de deux modes de pensée : l'ancien, holiste, encore prégnant, le nouveau, individualiste, pas encore totalement triomphant. Dans les sociétés modernes, en effet, on trouve bien des survivances ou permanences d'éléments prémodernes, à commencer par la famille et, surtout, « ...la mise en œuvre même des valeurs individualistes a déclenché une dialectique complexe qui a pour résultat, dans des domaines très divers, et pour certains dès la fin du XVIIIe et le début du XIXe siècle, des combinaisons où elles se mêlent subtilement à leurs opposés[11] ». Cette idée est appliquée par Dumont très concrètement, à la « maladie totalitaire » et plus particulièrement à la personne de Hitler.

S'il faut, explique-t-il, « reconnaître dans le national-socialisme un phénomène moderne », il faut aussi constater qu'il y a alors en Allemagne « combinaison *sui generis* d'individualisme et de holisme, où, selon les situations, l'un des deux principes prime l'autre ». Le totalitarisme et, en son sein, le racisme antisémite constituent « la tentative, dans une société où l'individualisme est profondément enraciné, et prédominant, de le subordonner à la primauté de la société comme totalité » – d'où la violence du mouvement, « enracinée dans cette contradiction », et qui habite « les promoteurs du mouvement eux-mêmes, déchirés qu'ils sont entre deux tendances contradictoires »[12]. Dans cette lutte entre holisme et individualisme, il n'est pas difficile de comprendre comment les Juifs deviennent l'objet privilégié de la haine et de la violence : ne symbolisent-ils pas l'individualisme et la modernité ; ne sont-ils pas, aux yeux de Hitler, « des agents de destruction, des individualistes porteurs de tout ce qu'il haïssait dans la modernité, l'argent anonyme et usuraire, l'égalitarisme démocratique, la révolution marxiste et bolchevique[13] » ? On passe aisément, chez Dumont, de la personne de Hitler, telle qu'elle s'exprime dans *Mein Kampf*, à la société allemande. L'une comme l'autre vivent le même écartèlement, psychologique aussi bien que social, le même conflit d'orientations entre individualisme et holisme, la même tension pour redonner le primat à la société comme totalité lorsque l'individualisme semble l'emporter ; l'une comme l'autre externalisent cette tension, en projetant sur les Juifs l'individualisme qui les déchire – idée qui nous rapproche des thèmes psychanalytiques évoqués dans le chapitre précédent. Ce mécanisme, où le racisme permet d'expulser sur un bouc émissaire la part d'individualisme qu'une société, ou un individu, résiste à accepter, est peut-être même central dans la genèse du racisme européen – comme le suggère Dumont à propos, notamment, du comte de Boulainvilliers[14].

La pensée de Dumont est à bien des égards stimulante, et il n'est pas étonnant qu'un chercheur comme Todorov, après avoir examiné un large ensemble d'auteurs français sur deux cent cinquante ans, y trouve de quoi alimenter la conclusion de son ouvrage[15]. Elle fait du racisme non pas seulement une « maladie » de la modernité, mais aussi une maladie du passage à la modernité, une des modalités du holisme lorsqu'il conserve encore suffisamment de force pour autoriser, malgré sa crise et à cause d'elle, la tentative plus ou moins volontariste d'un retour en arrière. Dumont lui-même ne va pas jusqu'à affirmer que la modernité, une fois la transition historique assurée, n'est pas condamnée au racisme ; il oscille, de façon parfois un peu contradictoire, entre l'idée que le racisme est imputable à la mutation vers la modernité et celle selon laquelle il l'est à la modernité lui-même. Et, en fin de compte, il « confesse » sa préférence pour les sociétés hiérarchiques et rejoint le camp des anti-modernes – d'où la critique à laquelle se livre, par exemple, Alain Renaut à son égard[16]. On peut récuser son pessimisme antimoderne et mettre en cause, comme l'a fait Delacampagne, l'idée que la naissance du racisme comme idéologie doit tout à l'émergence de la modernité ou à la crise du holisme[17]. Mais ses analyses, aussi contestables qu'elles puissent paraître, ont l'immense mérite de saisir le racisme dans ce qu'il peut avoir de politique et d'esquisser une théorie de la violence raciste qui rompt avec les approches classiques, instrumentales, en suggérant qu'il peut résulter d'une tension ou d'une contradiction à laquelle elle apporte un mode de résolution – ce qui nous rapproche des analyses en termes de mythe, qui seront évoquées plus loin.

Étudier le racisme comme une idéologie, au sens de Hannah Arendt ou de Louis Dumont, c'est donc avant tout en examiner la portée politique. Mais n'est-ce pas s'écarter d'autres niveaux d'analyse, et peut-être même considérer que ceux-ci relèvent d'autres catégories, comme si le phénomène ne présentait en définitive aucune unité ? La notion d'idéologie n'est-elle pas un outil puissant, certes, mais restrictif, qui ramène le phénomène à ses seules expressions politiques et doctrinaires ; n'amène-t-elle pas à laisser de côté bien des manifestations du racisme ?

Une réponse à de telles objections peut consister à élargir la notion d'idéologie, qui renvoie alors à un principe généralisé de perception imaginaire de la différence, à une représentation somato-biologique de l'Autre qui traverse non seulement la scène politique ou, éventuellement, l'État, mais aussi divers rapports sociaux, la vie quotidienne, le langage, la presse – y compris dans ce qu'elle traite d'apparemment le plus banal, et qui informe aussi bien des doctrines et des opinions que des actes concrets de discrimination, de ségrégation ou de violence.

C'est ainsi que, dans un ouvrage majeur, Colette Guillaumin postule l'unité profonde de l'idéologie raciste, qu'elle décrit comme une « organisation perceptive de la saisie du même et du différent », l'« état cristallisé d'un imaginaire », une « organisation idéologique latente »[18]. Le racisme, devenu valeur centrale de la culture occidentale depuis le XIXe siècle, apparaît dès lors comme un mode de biologisation de la pensée sociale, qui absolutise la différence en la naturalisant. On peut en étudier la genèse historique – ce à quoi s'attache Colette Guillaumin; on doit surtout en montrer le fonctionnement actuel – ce qu'elle fait également, en particulier en analysant le contenu d'un grand quotidien. Ce qui, sans rompre avec une approche politique de l'idéologie, élargit le mode d'analyse à la critique sociale et sociologique du phénomène, et permet d'envisager les rapports sociaux qu'il masque, qu'il nie, qu'il escamote, et qu'en tout cas il autorise à ne pas nommer.

3. Le racisme comme mythe

Mais, pour désigner sociologiquement le racisme, comme une construction sociale imaginaire, la notion d'idéologie, au sens large, transcendant le niveau politique, est-elle la mieux adaptée ? La notion de mythe, proche mais différente, ne convient-elle pas mieux ? Le parcours intellectuel de Léon Poliakov, ici, suggère qu'on examine sérieusement la question.

Cet historien de l'antisémitisme, d'abord connu pour sa monumentale *Histoire de l'antisémitisme*[19], a mis en évidence bien des aspects méconnus de cette forme si importante de racisme – ne serait-ce qu'en montrant qu'elle constitue la face d'ombre de la philosophie des Lumières – et a proposé une véritable contre-histoire de l'Occident, dont il a dévoilé, comme dit Georges Élias Sarfati, la « part maudite[20] ». On a parfois reproché à l'*Histoire de l'antisémitisme* d'insister de façon excessive sur « la cohérence, l'unité, la continuité des phénomènes d'hostilité aux Juifs », et suggéré un lien entre cette vision unifiée et le caractère très descriptif de l'ouvrage[21]. Toujours est-il que, après avoir ainsi fait ressortir toute l'épaisseur historique de l'antisémitisme européen, Poliakov a voulu retourner la perspective : « tandis que, dans l'*Histoire de l'antisémitisme,* je me proposais de traiter du regard posé par l'Europe sur les Juifs, il s'agissait, cette fois, d'examiner le regard posé par cette Europe sur elle-même[22] » – ce qui l'a conduit à étudier ce qu'il appelle les « mythes fondateurs du racisme ».

L'idée principale, ici, est que le racisme repose sur des élaborations mythiques qui consistent à intégrer en une seule et même image divers éléments constitutifs d'une culture nationale et à en organiser une représentation de l'origine. Le racisme antisémite permet de marquer le caractère à la fois unifié et unique de la nation ; il apporte le mythe d'origine qui devient un facteur agissant, une source de l'action – un peu comme la grève générale, chez Georges Sorel, apporte au mouvement ouvrier le mythe mobilisateur dont il a besoin pour atteindre son plus haut niveau de projet.

Avant même de chercher à établir l'influence des mythes d'origine – et on a un excellent exemple de ce type de démarche dans le livre d'Anthony D. Smith sur les origines ethniques des nations[23] –, Poliakov s'est attaché à en reconstituer la formation, à commencer par celle du mythe aryen – qui oppose, pour l'Europe occidentale, une origine aryenne à une origine sémitique. Le travail pionnier de Poliakov, ici, montre que cette construction, qui se déploie tout au long du XIXe siècle, remonte jusqu'à l'Antiquité[24]. Il indique aussi qu'un mythe a une histoire propre, qu'il n'est pas stabilisé une fois pour toutes, mais au contraire évolue au fil des tensions historiques qu'il anime : « toutes les représentations nationales sont symboliquement porteuses de conflits », explique Poliakov, qui précise que les mythes d'origine sont « parfaitement sectaires » et qu'ils ont une grande capacité de réactivation. Les mêmes mythes peuvent apparaître ailleurs que là où ils sont formés : « c'est non pas en Europe, mais dans les pays du tiers monde – ou en s'en rapprochant – que ces mythes, sous des travestissements divers, continuent à faire des remous[25] ». Tous les mythes n'apportent pas le racisme, du moins sous sa forme antisémite, et peut-être faut-il, pour qu'ils y mènent, qu'ils correspondent, plus particulièrement, à une version spécifique, dans laquelle la pensée mythique apporte une explication en termes de causalité élémentaire et exhaustive : la « causalité diabolique », dont Poliakov considère, en fin de compte, qu'elle est à l'origine des persécutions[26]. Dans cette perspective, l'antisémitisme devient indissociable d'une « vision policière » de l'histoire, selon l'expression de Manès Sperber, il relève de mythes démonologiques qui attribuent à tel ou tel groupe humain des projets démoniaques de conspiration ou des pratiques de sorcellerie, sans être jamais gêné par l'absence, même totale, de preuves : bien au contraire, la thèse du complot se nourrit de « la fâcheuse tendance de tirer ses preuves les plus péremptoires de l'absence de preuve, puisque l'efficacité d'une société secrète se mesure le mieux, par définition, au secret dont elle sait entourer ses activités. La plus grande ruse du Diable n'est-elle pas de faire croire qu'il n'existe pas[27] ? ».

Poliakov s'inscrit dès lors dans un courant qu'il qualifie de « nouvelle historiographie » et qui s'intéresse à la mythologie du complot, des sociétés secrètes, des forces du mal qu'une société invente lorsqu'elle se livre à des accusations de sorcellerie ou d'infanticide, ou lorsqu'elle accuse les Juifs de prétendre contrôler le monde entier. L'explication quasi anthropologique qui repose sur le thème du mythe fonde le travail de l'historien, dont la tâche est dès lors de reconstituer l'invention des mythes – comme ont pu le faire Norman Cohn dans son *Histoire d'un mythe. La « conspiration juive » et les « Protocoles des Sages de Sion »*[28], ou Jacob Katz dans ses travaux sur les représentations des Juifs et des francs-maçons depuis le XVIIIe siècle[29], ou encore, d'une certaine façon, Pierre Birnbaum à propos du mythe politique qui en France, depuis le XIXe siècle, voudrait que les Juifs bénéficient les premiers du pacte républicain, qu'ils s'approprient l'État et qu'ils minent la « vraie » France[30].

Il n'est pas difficile de constater que la perspective mythologique, telle qu'elle vient d'être évoquée, convient bien mieux à l'antisémitisme qu'à toute autre forme de racisme. En fait, elle apporte un mode d'approche qui peut pourtant être élargi, si l'on s'écarte un tant soit peu du thème du complot ou si on l'inscrit dans le thème plus général du *mal*, imputé à l'Autre sous cette forme ou sous d'autres. Si la notion de mythe se démarque de celle d'idéologie au sens large, ce n'est pas parce qu'elle propose un principe d'analyse fondamentalement différent. L'une comme l'autre, en effet, suggèrent que le racisme est une construction imaginaire autorisant une catégorisation biologique du groupe racisé et permettant son essentialisation, c'est-à-dire un traitement qui le dégage de toute humanité, et *a fortiori* de tout rapport social, soit en le naturalisant, soit en le diabolisant, soit les deux à la fois. Ce qui distingue les deux notions, à propos du racisme, est plutôt dans les processus qui sont à l'œuvre dans la production d'une perception imaginaire et racisante de l'Autre. La notion d'idéologie met l'accent sur le sens de l'acte et du discours racistes, sur la fonction de justification et de rationalisation du massacre, de l'exploitation ou de la négation de l'Autre qu'apporte le racisme; celle de mythe insiste plutôt sur un mécanisme particulier, qui consiste à concilier sur un registre imaginaire des éléments plus ou moins disparates et contradictoires, à les unifier en une représentation unique. Mais la grande force de l'une comme de l'autre est bien la même : elle est de rendre compte de la capacité du racisme à tout interpréter dans ses catégories propres, quelles que soient la réalité des faits ou la rigueur de la démonstration qu'on leur oppose.

Conclusion

Pour penser le racisme, il faut mettre à l'écart la notion de race, du moins comme catégorie d'analyse. Cet effort ne saurait être que radical. Les solutions intermédiaires, en introduisant ou en maintenant une explication biologique, même partielle, dans l'espace des rapports sociaux, ne peuvent apporter que de la confusion ou du malentendu. Comment peut-on, tout à la fois, dénoncer le caractère non scientifique de la notion de race et participer de l'important courant qui, aujourd'hui encore, se livre à l'étude des « relations de races » ? Le glissement qui, chez beaucoup d'auteurs relevant de ce courant, consiste à parler d'ethnicité pour, comme dit Pierre L. van den Berghe, « exorciser le mal du racisme » n'est souvent qu'un trompe-l'œil, tant il est vrai que la notion fourre-tout d'ethnie permet de ne pas prononcer le mot « race » tout en laissant une place plus ou moins large à des facteurs physiques, qui se combineraient à des traits culturels pour caractériser les groupes dits « ethniques »[1] – nous y reviendrons.

Le renversement par lequel s'opère le passage de la race au racisme n'exclut évidemment pas l'étude de relations entre groupes définis par la race ; mais il exige qu'on affirme, sans ambiguïté, le caractère subjectif, construit socialement et historiquement, du recours à cette notion – qui relève du discours et de la conscience des acteurs, et assurément pas de l'analyse sociologique.

Dans l'ensemble, et même si cette affirmation doit être

nuancée, les sciences sociales, nous semble-t-il, ont bien opéré le mouvement de bascule qui autorise la constitution du racisme en objet d'analyse. Elles écartent désormais, pour l'essentiel, les explications qui procèdent de l'idée de race, même si elles leur laissent encore quelque espace, en particulier dans la sociobiologie, ou si elles les réintroduisent en sous-main.

Mais, à ce stade de notre parcours, disposons-nous d'une théorie sociologique du racisme ? Chemin faisant, nous avons rencontré divers modes d'approche dont le moins qu'on puisse dire est qu'ils sont fondamentalement distincts. Les uns demandent qu'on étudie des relations concrètes entre groupes qui se définissent mutuellement par la race ; d'autres qu'on saisisse la formation du préjugé du côté du seul acteur racisant, d'autres encore s'intéressent à la structure mythique du racisme, ou y voient une idéologie politique. Chacun des raisonnements évoqués ne mérite-t-il pas d'être considéré comme autant de théories partielles, dont il resterait à élaborer l'intégration dans une théorie générale ? Cette démarche a tenté Yves Chevalier, qui propose, au sujet de l'antisémitisme, d'unifier les apports les plus diversifiés, dans la mesure où ils ne sont pas démentis par les faits, au sein d'un modèle d'interaction et de régulation systémique qui est celui du bouc émissaire[2]. Mais, à ce stade de notre parcours, l'idée de rapprocher les divers points de vue qui ont été évoqués est bien artificielle, tant les paradigmes sur lesquels ils reposent sont distants, voire inconciliables, et leurs domaines d'application manifestement différents – ce que traduit bien la distinction qui sépare radicalement l'antisémitisme des autres formes de racisme, y compris dans les dénominations que se donnent certaines organisations antiracistes. Comment postuler l'unité théorique du racisme lorsque le préjugé, par exemple, repose pour les uns sur un rapport de domination qu'il vient mettre en forme ou rationaliser et pour les autres sur une construction imaginaire qui se reproduit à travers l'éducation et le milieu familial ? Comment affirmer l'identité de phénomènes qui s'expliquent ici par une relation concrète, et là par le seul travail de l'acteur raciste sur lui-même ? Faut-il penser que la doctrine, le mythe, l'idéologie racistes fondent ou, plutôt, traduisent la pratique ?

Nous ne trouverons pas l'unité profonde du racisme, si tant est qu'on puisse le faire, en cherchant à concilier entre elles les théorisations disponibles. C'est pourquoi une autre approche va maintenant être explorée, non plus à partir des modes de raisonnement que nous avons pu repérer chez divers auteurs, mais à partir des expressions concrètes du phénomène, de ses manifestations empiriques.

DEUXIÈME PARTIE

Les formes élémentaires du racisme

Introduction

Si le racisme, pour l'instant, ne semble pas relever d'une théorie générale, n'est-ce pas, tout simplement, parce que le même terme unifie un ensemble hétérogène de problèmes ? Pour être vérifiée, ou infirmée, cette hypothèse appelle qu'on aille le plus loin qu'il se peut dans la déconstruction analytique de ce que la notion de racisme vient rassembler.

Deux conditions doivent être remplies pour qu'un tel effort porte ses fruits. La première tient à l'existence d'instruments permettant de décomposer ce que le discours du sens commun, ou même une approche scientifique insuffisamment élaborée, considère comme un tout. Les outils assurant une éventuelle différenciation doivent être fiables et robustes : le cinquième chapitre de ce livre va être consacré à les présenter et à nous assurer qu'ils sont susceptibles de briser les images trop superficielles du phénomène qui nous intéresse.

La seconde condition renvoie non pas aux instruments de l'analyse, mais à la matière première à laquelle ils sont appliqués. Celle-ci doit être concrète, observable empiriquement, tangible, suffisamment diversifiée pour qu'on ne laisse échapper aucun cas de figure historique d'une certaine importance. Il était tentant, dès lors, d'examiner des situations typiques – à la manière de John Rex, qui en retient six particulièrement importantes (situations de frontière, d'esclavage, de système de castes, etc.)[1]. Ou bien encore de privilégier des processus – tel Richard A. Schermerhorn, qui s'intéresse, fondamentalement, aux différentes modalités possibles d'intégration de groupes ethniques dans diverses sociétés[2]. Mais définir des situations typiques ou des processus appelle déjà une élaboration conceptuelle, là où nous avons besoin de catégories simples, autorisant le plus directement possible un effort de déconstruction. C'est pourquoi notre tentative de décomposition analytique correspond à un découpage totalement empirique, à des formes élémentaires, non construites, de racisme, qui sont autant de manifestations courantes et visibles du phénomène.

Nous distinguerons ainsi le *préjugé*, non pas, comme dans le chapitre 3, en tant que catégorie explicative ou théorique, mais comme réalité plus ou moins explicitement exprimée dans le discours quotidien ou les médias et repérable, voire quantifiable, à l'aide de techniques d'enquête ou de sondages[3] ; la *ségrégation*, dont nous établirons le plus nettement possible la distance avec la catégorie, apparemment voisine, de la *discrimination* ; et enfin la *violence*. La littérature spécialisée propose d'autres découpages empiriques, qui ne diffèrent du nôtre que sur des aspects mineurs, et assurément pas dans leur principe. On y trouve couramment, en particulier, l'image d'un racisme tridimensionnel, incluant un premier sous-ensemble composé des préjugés, opinions et attitudes ; un deuxième rassemblant les conduites ou pratiques (de discrimination, de ségrégation et de violence) ; et un troisième allant des élaborations savantes et doctrinaires jusqu'au racisme comme grande idéologie – nous ne reviendrons pas nous-même sur ce sous-ensemble, déjà abordé dans la première partie de ce livre[4]. Aucun de ces découpages, et le nôtre pas davantage, ne saurait apporter une théorie du racisme. Mais tous offrent un point de départ commode, une description concrète à partir de laquelle nous pourrons tenter de mettre en relation les idées et les faits, les catégories analytiques et les réalités qu'elles doivent éclairer.

5

Niveaux et logiques du racisme

Dans certaines expériences historiques, le racisme est faible, limité, secondaire, et parfois même il vaut mieux parler de xénophobie ou de tensions interculturelles que de racisme proprement dit. Dans d'autres, à l'inverse, il emporte tout sur son passage, il structure la vie politique et sociale, il anime le changement, la conquête, la guerre. C'est pourquoi il n'est pas inutile, dans un premier temps, de dessiner un tableau d'ensemble, sans aucune prétention conceptuelle mais à l'intérieur duquel nous pourrons reconnaître différents niveaux du phénomène, diverses modalités d'intensité, de présence et d'intégration de ses formes élémentaires, et, de là, repérer les principaux axes autour desquels élaborer une représentation analytique du phénomène.

1. L'espace empirique du racisme

Il est possible, en première approximation, de distinguer quatre niveaux du racisme.

a) A un premier niveau, mieux vaut parler d'*infraracisme* que de racisme constitué. Le phénomène, ici, est à la fois mineur et apparemment désarticulé. On observe la présence de doctrines, la diffusion de préjugés et d'opinions souvent plus xénophobes que proprement racistes, ou liés à des identités communautaires plus que véritablement raciales.

La violence peut apparaître, diffuse, très localisée ; la ségrégation s'esquisser, autant sociale que raciale là encore, autour par exemple de poches où la misère et le chômage le disputent à la mise à la marge de groupes ethniques ; la discrimination se rencontre çà et là, dans quelques institutions où elle n'en est pas moins mineure et honteuse, ou vite stigmatisée. La communication d'une forme à l'autre de l'infra-racisme n'est alors pas franchement établie ; chacune semble relever d'une logique autonome ; on ne perçoit pas clairement les liens entre, par exemple, l'activité d'idéologues relativement marginaux et l'émergence d'actes isolés de violence, portés par des individus ou des petits groupes nés d'une circonstance plus ou moins fortuite, et aux idées bien peu élaborées.

b) A un deuxième niveau, le racisme demeure encore *éclaté*, mais il est déjà nettement plus précis ou affirmé. Il apparaît comme tel, franchement exprimé, mesurable par exemple dans les sondages d'opinion. La doctrine est plus répandue, elle anime des publications plus nombreuses, des cercles, des groupes d'influence. La violence est plus fréquente, suffisamment répétitive pour qu'on cesse d'y voir un problème secondaire : l'action de déséquilibrés, l'effet d'une situation hautement fortuite, d'une conjoncture très particulière. La ségrégation ou la discrimination sont elles aussi plus marquées, perceptibles dans divers domaines de la vie sociale ou inscrites visiblement dans l'espace. L'ensemble fait masse, mais semble encore disjoint, comme si une même poussée traversait la société sans pour autant trouver le liant apportant leur unité concrète à ses diverses expressions.

c) Ce liant apparaît à un troisième niveau, lorsque le racisme devient le principe d'action d'une force politique ou parapolitique ; qu'il devient lui-même *politique*, animant des débats et des pressions, mobilisant de larges secteurs de la population, créant un contexte favorable à une violence démultipliée ou utilisant lui-même cette violence comme un instrument dans une stratégie de prise du pouvoir. A ce stade, le mouvement politique capitalise les opinions et préjugés, mais aussi les oriente et les développe ; il se réclame d'éléments doctrinaires qui cessent d'être marginalisés, il se dote d'intellectuels organiques, s'inscrit dans une tradition idéologique, ou la fonde, en même temps qu'il en appelle à des mesures concrètes discriminatoires, ou à un projet de ségrégation raciale.

d) Enfin, un dernier niveau est atteint à partir du moment où l'État lui-même s'organise à partir d'orientations racistes, développe des politiques et des programmes d'exclusion, de destruction ou de discrimination massive, en appelle aux savants ou aux intellectuels pour qu'ils contribuent à cet effort, mobilise les ressources du droit pour affirmer ses catégories raciales, structure les institutions en fonction de ces catégories. Le racisme devient *total* si ceux qui dirigent l'État parviennent à tout lui subordonner : la science, la technique, les institutions, mais aussi l'économie, les valeurs morales et religieuses, le passé historique, l'expansion militaire ; s'il informe tous les domaines de la vie politique et sociale, et à tous les degrés, sans débat ni contestation possible. Il est total, pour utiliser un autre vocabulaire, dans la mesure où il *fusionne* en une dynamique unique toutes sortes de diversités et se déleste de tout ce qui accorde au groupe racisé une place, même très infériorisée, dans la société. Comme figure sociologique, le racisme total n'est véritablement achevé qu'une fois incarné dans un État. Mais il peut se rencontrer dans des groupes fonctionnant sur son modèle, reproduisant son principe à une échelle réduite, et, dès lors, sur un mode à la fois terroriste et sectaire.

Ainsi représenté, l'espace empirique du racisme ne permet pas, en lui-même, de confirmer ou d'infirmer l'hypothèse d'une unité fondamentale du phénomène. Nous voyons bien que le racisme éclaté et l'infraracisme donnent l'image d'une certaine distance entre les formes élémentaires qui le composent, mais nous ne pouvons pas en déduire l'idée d'une différence irréductible, sur le fond, entre ces formes ; nous percevons bien des degrés d'importance ou d'intensité chaque fois que nous passons d'un niveau à un autre, mais nous sommes encore en mal de dire s'ils interdisent, ou non, de penser la continuité du phénomène.

2. Éclatement et fusion

Pourtant, il est maintenant possible d'introduire un premier principe de différenciation analytique, reposant sur un critère fondamental, qui est le caractère directement politique, ou non, du racisme. Tout change à partir du moment où le racisme est un phénomène proprement politique et, plus encore, étatique. Le passage au politique ne modifie pas fondamentalement le contenu du racisme, qu'il postule plutôt la différence ou plutôt la hiérarchie de supposées races humaines. Mais il unifie des pratiques, des discours et des effets qui, sans lui, ne trouvent guère de modalité de regroupement. Racisme éclaté et, *a fortiori*, infraracisme sont de ce point de vue à distinguer radicalement du racisme politique et de sa tendance, dans les cas extrêmes, à la fusion.

Éclaté, le racisme peut traverser des institutions, donner lieu à violence, alimenter des propositions doctrinaires ou des courants d'idées ; il peut être largement répandu, sous la forme notamment de préjugés. Il peut animer des comportements massifs – sur le marché du logement par exemple –, se solder par une ségrégation de fait. Il peut, dans ses expressions les plus fortes, être inscrit dans la structure sociale, constituer un principe central de stratification, être indissociable de rapports de domination. Mais, aussi longtemps qu'il ne s'élève pas au niveau proprement politique, qu'il s'y heurte sans y trouver de débouchés, qu'il ne trouve pas les agents de son institutionnalisation active – intellectuels, leaders religieux et, surtout, mouvements politiques –, il lui est interdit de devenir une force de mobilisation.

A l'inverse, le racisme politique apporte des projets, des programmes. Il synthétise les éléments diffus qui constituent le racisme éclaté, mais surtout il les structure idéologiquement, il leur donne un sens inédit, une portée élargie, il en facilite les transformations, la radicalisation, la progression. Il légitime des actes et des pratiques qui pouvaient lui préexister, mais qui trouvent en lui des conditions favorables, un climat propice. La violence, même s'il ne l'appelle pas explicitement ou directement, bénéficie avec lui d'un contexte qui l'autorise et l'alimente ; elle n'est pas incongrue, elle exprime des sentiments dont son protagoniste sait qu'il n'est pas seul à les ressentir, elle n'est pas disjointe de positions plus générales ayant acquis une certaine représentativité. Le racisme politique abolit, plus ou moins parfaitement, la distance qui sépare, dans le racisme éclaté, la pensée et les actes, la conscience et l'action, l'idée et sa réalisation. Et, en l'abolissant, il crée les conditions pour une dynamique nouvelle. La fusion du racisme total constitue le moment privilégié où le phénomène semble être devenu une force irrésistible, une logique d'action illimitée, sans frontières.

Encore faut-il préciser que ce moment est lui-même susceptible d'être dépassé, non seulement parce que l'acteur se heurte à des obstacles extérieurs, mais aussi parce que, devenu logique d'action, le racisme détruit les éléments sur lesquels il a été construit et développé. C'est ainsi que, dans le nazisme, la jonction du scientifique et du politique – comme l'a finement analysé Michael Pollak – a d'abord produit une interaction à laquelle on peut imputer les « atrocités commises au nom de l'amélioration de la race[1] » – et qui fut d'autant plus décisive qu'elle ne laissait place à aucun débat, ni dans le champ scientifique ni dans le champ politique. Mais les savants, qui trouvent au départ de formidables avantages dans la proximité du pouvoir – ne seraitce qu'en termes de ressources, de possibilités de recherche, de carrière –, doivent aussi cautionner ou valider des pratiques non scientifiques, sont soumis à surveillance et contrôle et voient les plus médiocres d'entre eux, voire même des charlatans, acquérir poids et prestige au détriment des meilleurs. Benno Müller-Hill a bien décrit ce processus, qui aboutit à la perversion, puis à la négation de la science – par exemple chez les psychiatres, dont la vocation est de guérir les malades mentaux, mais qui sont employés à les stériliser et, surtout, à les éliminer. Leur discipline perd sa raison d'être, et, concrètement, « la perte des patients entraînait, pour les psychiatres des hôpitaux régionaux, la suppression de lits, de services, et souvent la disparition de tout l'établissement et avec lui du poste et du pouvoir[2] ».

Préjugés, discrimination, ségrégation, violences ou doctrines semblent parfois si déconnectés qu'on ne peut, en première analyse, que constater leur distance, et à la limite la constituer en paradoxe qu'une étude déjà ancienne de Richard T. LaPiere sert souvent, dans les manuels de psychosociologie, à illustrer. LaPiere, dans un article paru en 1934, raconte comment, amené à voyager dans de nombreux États des États-Unis en compagnie d'un couple de Chinois, il s'est arrêté avec eux dans 184 restaurants et 66 hôtels sans jamais essuyer de refus, à une exception près et elle-même ambiguë[3]. Mais, lorsqu'il a adressé par la poste à tous les restaurateurs et hôteliers concernés un questionnaire portant sur leurs habitudes, plus de 90 % de ceux qui ont répondu indiquaient qu'ils ne serviraient pas, le cas échéant, des Chinois. Confirmée par d'autres travaux conçus dans la même veine, l'étude de LaPiere ne met pas en évidence une contradiction paradoxale. En fait, elle illustre parfaitement notre propos, qui est que seul le passage du racisme au niveau politique et étatique assure la cohésion du phénomène – qui sinon demeure éclaté et, à la limite, contradictoire. Ce qu'a très bien perçu Gordon W. Allport, qui, dans son commentaire de l'expérience de LaPiere, formule l'hypothèse que « lorsqu'il existe un conflit clair entre d'un côté la loi et la conscience, et d'un autre côté la coutume et le préjugé, la discrimination est pratiquée principalement par des voies indirectes et cachées, et non pas tant dans des situations de face à face d'où résulterait un embarras[4] ».

Le racisme forme système, affirme avec force un auteur aussi important que Colette Guillaumin, pour qui « le sens n'existe pas en soi, mais bien dans l'acte concret[5] » ; on ne saurait « séparer la doctrine des faits matériels[6] », « théorie et conduite s'enracinent dans un système de signes commun bien que médiatisé sur des registres différents[7] ». Mais, dans le racisme éclaté, le système dont parle Guillaumin est désarticulé, l'expression du sens est bridée par l'absence de conditions politique favorables, les actes concrets sont masqués, ou leur sens distordu, et la relative disjonction de la théorie et de la conduite, même si elles procèdent des mêmes significations profondes, interdit l'émergence de processus qui n'acquièrent force et spécificité qu'une fois sens et acte, doctrine et faits matériels, théorie et conduite réconciliés et unifiés politiquement.

On affirme souvent, dans le langage courant, l'existence d'une continuité qui mène, par exemple, du moindre propos antisémite jusqu'à Auschwitz et aux chambres à gaz. Ce postulat méconnaît la radicalité du saut qu'implique le moment du passage au politique, et le rôle fondamental que jouent les agents de ce passage. Le plus inquiétant, dans une société, n'est pas l'existence d'un racisme éclaté, même s'il est puissamment constitué ; il est dans l'existence d'acteurs politiques susceptibles de faire franchir au racisme la ligne qui en fait une force de mobilisation collective, capable elle-même, éventuellement, d'aller jusqu'au pouvoir d'État. De tels acteurs peuvent être d'emblée ouvertement et fondamentalement racistes, mais il n'y a pas là une condition nécessaire. Il suffit que leur action porte en germe un projet raciste, même très limité ou accessoire au départ, pour que le germe, au fil du temps, porte ses fruits empoisonnés. C'est pourquoi, en particulier, le populisme politique – qui combine toutes sortes de significations en un équilibre instable, avec en général un espace initial étroit pour une thématique raciste – constitue un si grand danger : son évolution, en effet, peut fort bien se solder par une prédominance accrue du racisme, au détriment d'autres significations apparues à l'usage comme peu ou insuffisamment opérantes.

3. Différence et inégalité

Au début des années quatre-vingt, un ouvrage de Martin Barker, par son contenu comme par son titre même, lançait au Royaume-Uni la notion de « nouveau racisme[8] ». Le discours du « nouveau racisme », selon Barker, est un élément de la révision idéologique à laquelle a procédé le Parti conservateur dans les années soixante-dix, il lui permet de se focaliser sur l'immigration, perçue comme un facteur de destruction de la nation britannique, et de théoriser l'idée qui veut que chaque communauté nationale ou ethnique serait une expression spécifique de la nature humaine, ni supérieure ni inférieure : différente[9].

De même, Pierre-André Taguieff a pu constater, en France, la constitution d'un racisme « différentialiste » : dans le champ doctrinaire avec les travaux du GRECE et du Club de l'Horloge, dès les années soixante-dix ; dans le champ politique avec le discours identitaire, l'appel au droit à la différence d'identité tel qu'il est mis en forme par le Front national, sur un mode national-populiste assez proche de ce que décrit Barker à propos du Parti conservateur britannique[10].

Cette réactivation d'un thème qui n'est pas si nouveau, puisqu'on le rencontre dans les positions les plus radicales des tenants du relativisme culturel, dès le début de ce siècle, insiste sur le lien entre culture et communauté et racisme. Elle a l'immense mérite, comme l'a montré Taguieff de façon lumineuse, d'introduire une nouvelle distinction analytique, non plus en opposant deux niveaux – politique et infrapolitique – du racisme, mais en mettant en évidence l'existence de deux « logiques de racisation », des « séries » possibles : « autoracisation/différence/purification-épuration/extermination » d'une part, « hétéroracisation/inégalité/domination/exploitation » d'autre part[11].

Cette distinction, où nous laisserons de côté l'opposition contestable entre auto- et hétéroracisation, est fondamentale : elle atteint, au plus profond d'elle-même, l'hypothèse de l'unité du racisme. Elle peut être transcrite sur deux registres : en termes d'histoire et d'analyse des idées et des idéologies, comme en termes sociologiques.

Sur le premier registre, en effet, elle dessine l'image d'un couple, formé par deux axes que tout oppose. Couple classique, qui ne concerne pas seulement le racisme et qui est celui que constituent l'approche universaliste, dont une version forte est donnée par la pensée évolutionniste, et l'approche relativiste, qu'expriment par exemple une certaine anthropologie culturelle ou encore l'historicisme dominant la philosophie allemande du XIXe siècle. Dans cette perspective, il n'y a pas un, mais deux racismes. Le premier considère qu'il n'y a qu'un universel : celui de la race dominante, à laquelle les autres races ne peuvent être que soumises dans des rapports de domination ; le second postule qu'il existe autant d'universels que de cultures et, derrière chaque culture, de races. Il n'est pas possible de hiérarchiser ou de comparer des universels, qui constituent chacun autant de menaces potentielles pour les autres, et le racisme signifie ici non plus des rapports de domination, mais plutôt la mise à distance, l'exclusion et, à la limite, la destruction des races jugées menaçantes. La mise en avant de deux logiques du racisme constitue un apport décisif pour qui veut comprendre certains paradoxes de l'histoire. C'est ainsi, par exemple, que certains penseurs raciaux du XIXe siècle – Gobineau, Le Bon, Broca – furent hostiles à la colonisation, qui mettait en place un racisme inégalitaire mais risquait aussi de favoriser le métissage et d'aller à l'encontre de positions différentialistes.

Sur un second registre, la distinction entre racisme de différence et racisme d'inégalité renvoie à des figures, elles aussi beaucoup plus générales, que connaissent bien les sociologues, à deux grandes familles de problèmes qu'ils ont appris depuis longtemps à ne pas confondre. L'idée d'inégalité, en effet, n'est qu'une formulation, parmi d'autres, de la division d'une société et de ses rapports de domination ; celle de différence, au contraire, a trait à l'unité d'un corps social, ou d'un de ses sous-ensembles, que celle-ci soit désignée en termes larges de culture, de communauté et d'identité, ou en termes plus précis de nation, de religion et, à la limite, de race. Reconnaître qu'il existe deux logiques du racisme, dès lors, c'est reconnaître l'existence de deux logiques d'action : l'une plutôt commandée par le travail d'une société sur elle-même, ses conflits sociaux, ses phénomènes de stratification, de mobilité ascendante et descendante ; l'autre plus proche de mouvements communautaires, d'appels à l'homogène, à la pureté, à l'expulsion de l'hétérogène et du différent ; c'est, pour reprendre le vocabulaire de la sociologie de l'action telle qu'elle a été développée par Alain Touraine, tisser des liens théoriques – qu'il ne faudrait pourtant pas simplifier à l'extrême – entre racisme inégalitaire et action sociale d'un côté, racisme différentialiste et action historique de l'autre[12].

Qu'il faille marquer l'indépendance conceptuelle de deux axes ne signifie pas qu'ils fonctionnent nécessairement séparément dans la pratique historique, bien au contraire.

De nombreuses expériences combinent la logique de la différence à celle de l'inégalité, soit en les juxtaposant, soit en cherchant à les intégrer dans une même formule politique – comme ce fut le cas avec l'apartheid jusqu'à la fin des années quatre-vingt. On constate parfois aussi qu'une des deux logiques succède à l'autre et que, par exemple, un racisme d'inégalité, fondé sur des rapports d'exploitation économique, laisse la place, lorsque ces rapports se dissolvent, à un racisme d'identité.

Ce qui nous mène à une dernière série de remarques. Si, la plupart du temps, le racisme combine infériorisation et différenciation, c'est parce que les mécanismes de sa production entraînent plus ou moins nécessairement l'une et l'autre. Une logique d'infériorisation, si elle est poussée à l'extrême, entraîne aussi des processus de rejet et de mise à l'écart ; et, symétriquement, une logique de différenciation ne prend un tour raciste que si sa cible n'est pas totalement extérieure à la culture ou à la communauté concernée, si elle peut être incluse dans des rapports sociaux, aussi mythiques qu'ils soient. Disons-le autrement : une pure logique d'infériorisation, pour être efficace, a besoin de s'adosser à une logique de différenciation ; et une pure logique de différenciation, si elle ne se solde pas par une quelconque infériorisation de sa victime, débouche soit sur autre chose que du racisme – sur la guerre par exemple –, soit sur la destruction physique du groupe racisé – ce qui est exceptionnel dans l'histoire. C'est vraisemblablement pourquoi Claude Lévi-Strauss, dans sa conférence déjà évoquée, peut faire l'apologie de la distance culturelle : il n'y a guère de racisme, en effet, entre cultures qui ne communiquent pas, entre groupes qui ne se chevauchent pas au sein d'ensembles où la rencontre se solde nécessairement par des rapports d'infériorisation.

Lorsque le racisme est faible, éclaté, les deux logiques fondamentales sont souvent elles-mêmes dissociées, et il n'est pas rare qu'une seule d'entre elles soit véritablement présente – mais lorsqu'il se hausse au niveau politique, lorsqu'il tend à la fusion, celle-ci signifie aussi la présence conjointe des deux logiques –, aussi contradictoires qu'elles puissent paraître.

Nous devons donc isoler analytiquement les deux logiques fondamentales du racisme, mais nous devons savoir aussi qu'il n'est pas d'expérience historique d'une certaine ampleur dans laquelle elles ne soient associées. Quoi qu'il en soit, nous disposons maintenant de deux outils analytiques : l'un distinguant des niveaux, politiques et infrapolitiques ; l'autre, dont la portée sera précisée dans la troisième partie de ce livre, spécifiant deux logiques d'action. Ces outils vont maintenant nous servir à examiner les formes élémentaires du racisme.

6
Le préjugé

Dans le chapitre 3, nous avons souligné l'importance de l'inflexion apportée par le passage d'une sociologie des « relations de races » à des approches davantage centrées sur l'acteur raciste, ses préjugés, sa personnalité.

Mais est-ce à dire qu'on dispose d'une théorie satisfaisante du préjugé racial ? La plupart des chercheurs, en s'inscrivant dans une tradition rationaliste, y voient une erreur, un jugement qui construit l'Autre de façon prédéterminée, sans être informé par l'expérience concrète ni être atteint par ce qu'elle apporte, et pas davantage par la critique, aussi rationnelle qu'elle soit. Mais les sources du préjugé varient considérablement d'un auteur à l'autre[1]. Les uns, on l'a vu, insistent sur la personnalité du porteur de préjugé, s'intéressent au syndrome autoritaire décrit par Theodor Adorno, à la faiblesse structurelle dont parle Éric Fromm, au dogmatisme indépendant du contenu du dogme tel qu'il est analysé par Milton Rokeach[2]. Ce point de vue tend à décontextualiser le racisme des conditions sociales dans lesquelles il s'exprime, et des travaux comme ceux de Thomas Pettigrew, dans les années cinquante, indiquent bien qu'il parvient vite à ses limites. Comparant les attitudes envers les Noirs et les Juifs selon qu'on les observe en Afrique du Sud, au Sud des États-Unis ou au Nord, Pettigrew, en effet, montre qu'elles s'expliquent mal en termes de personnalité autoritaire puisque, par exemple, les Blancs non juifs du Sud et du Nord des États-Unis sont très proches en ce qui concerne l'antisémitisme et l'autoritarisme (mesurés à l'aide de la célèbre « échelle F » d'Adorno), alors qu'ils diffèrent considérablement s'il s'agit de leurs préjugés anti-Noirs[3].

D'autres auteurs, s'écartant du thème de la personnalité, insistent à l'inverse sur les déterminants sociaux et culturels du préjugé. Celui-ci, affirme par exemple Richard A. Schermerhorn, « est un produit de *situations*, historiques, économiques, politiques ; ce n'est pas un petit démon qui surgit chez les gens simplement parce qu'ils sont dépravés[4] ». Formulation encore vague, qui nous fait entrer dans un immense ensemble de propositions relatives aux facteurs du préjugé : toute société, à travers ses conflits, ses rapports structurels de domination, ses formes de stratification et de mobilité sociale, toute culture, avec ses valeurs, son histoire, ses traditions, ses tendances à l'ethnocentrisme[5], génère des préjugés dont on trouve la marque, y compris chez les esprits les plus critiques[6]. La plupart du temps, le préjugé est conçu sous l'angle de son caractère erroné ou mystifié, mais, parfois, on se refuse à y voir une perception fausse ou aliénée de la réalité, pour en faire une valeur, un trait culturel par exemple. C'est ainsi, comme l'ont noté Gérard Lemaine et James S. Jackson, que, dès les années quarante, un auteur aussi important que Warner mettait l'accent sur le fait que « le racisme est une valeur de la société blanche, pas plus irrationnelle qu'une autre, et que ce qui est décisif, c'est le désir d'endogamie, les règles de descendance et la catégorisation raciale sociale[7] ». Parfois encore, la théorie met l'accent sur le caractère fonctionnel du préjugé racial : ne sert-il pas, par exemple, à légitimer une domination sociale, à la rationaliser ?

A examiner les divers modes d'approche classique du préjugé, on en arrive facilement à l'idée qu'ils dessinent un ensemble hétérogène, dont Gordon W. Allport a donné une représentation dans un tableau qui distingue six théories (historique, socioculturelle, situationnelle, psychodynamique, phénoménologique, ou à partir de l'objet-stimulus)[8]. Et même si Otto Klineberg suggère qu'il y a interdépendance entre ces théories, qui correspondraient plutôt à des niveaux d'analyse[9], on ne peut, à la lecture d'Allport par exemple, qu'être perplexe : soit le préjugé racial est une réalité multidimensionnelle, qui relève de plusieurs théories ou niveaux sans grande unité, puisque chaque théorie ou niveau appelle son système conceptuel propre, et autonome ; soit il constitue bien une forme élémentaire de racisme, mais sur la nature de laquelle il n'existe ni consensus intellectuel ni aucune définition qui s'impose.

Pourtant, il y a bien une réalité empirique de cette forme élémentaire. On observe couramment l'expression de préjugés raciaux, dans les conversations, dans la presse ; on sait les traquer dans l'analyse du discours, les quantifier dans les sondages. On a pu les analyser aussi dans une variante importante : la rumeur, dont on peut penser qu'elle procède de mécanismes cognitifs comparables, mais avec ceci de particulier qu'elle ajoute à la préconception de l'Autre l'élaboration et la diffusion de faits – et non pas seulement de traits – et qu'elle propose un récit présenté comme concret, indéniable, authentique, à partir duquel se renforce ou se conforte le préjugé. Il n'y a pas à dégager une essence du phénomène, et l'idée de repérer tous les facteurs sociaux, culturels ou psychologiques qui créent le préjugé ne peut conduire qu'à une sorte d'inventaire sans grande cohérence ; par contre, il est possible, dans un premier temps, de le situer dans des rapports sociaux et d'y voir une dimension subjective de l'action.

1. Domination et préjugé

Une tradition intellectuelle importante, informée avant tout par les diverses formes d'exploitation et de domination des Noirs dans la société américaine, apporte en effet les premiers éléments de compréhension. Le préjugé, ici, est l'expression directe de rapports sociaux structurels, qu'ils soient décrits en termes de classes ou, plutôt, de stratification. Il apporte aux membres du groupe dominant de quoi rationaliser leur position, qu'il fonde et perpétue idéologiquement ; il leur facilite, comme l'a indiqué John Dollard dans son étude de « Southertown », des avantages économiques, de prestige ou en matière de sexualité. Il rend supportables, psychologiquement, aux yeux de ceux qui en bénéficient, des formes extrêmes d'exploitation ou de violence. Est-il à leur source, vient-il plutôt en conséquence ? Le débat est constamment posé, par exemple à propos de l'esclavage aux États-Unis[10]. Toujours est-il que ce point de vue met en relation préjugés et intérêts de groupes sociaux, et qu'il suggère, au-delà d'interminables discussions sur l'ordre de la causalité, un lien, qui peut révéler deux formes principales. Le préjugé, dans cette perspective, peut en effet soit témoigner d'une attitude plutôt offensive – maintenir, renforcer la domination –, soit relever d'une attitude défensive, d'une peur, par exemple, de voir la structure sociale et raciale se transformer au profit du groupe dominé, et racisé.

L'idée d'une certaine fonctionnalité du préjugé, enraciné dans la structure sociale dont il accompagne (ou précède) d'éventuelles modifications qui concernent des groupes bien réels – les Blancs et les Noirs, dans le cas américain –, est le plus souvent nuancée et n'exclut pas une tentative pour créer des liens théoriques avec des approches en termes de personnalité et de psychologie individuelle. Elle peut aussi prendre un tour relativement abrupt et aboutir à une perspective beaucoup plus instrumentaliste que fonctionnelle. Le préjugé, dès lors, devient un outil utilisé stratégiquement par des acteurs qui, grâce à lui, maximisent leurs gains et minimisent leurs coûts. Cette idée est développée de manière originale par Teun A. Van Dijk pour étudier la façon dont le racisme est communiqué[11]. Analysant le contenu de 180 entretiens conduits en Californie et aux Pays-Bas, Van Dijk constate que le préjugé sert dans des interactions éventuellement limitées – celles de la vie quotidienne notamment –, mais que ces entretiens traduisent une propriété structurale des sociétés considérées qui permet à des individus appartenant au groupe dominant de déployer des stratégies de persuasion et de présentation de soi. En s'exprimant de façon négative sur autrui, on se présente soi-même de manière positive, on dispose d'une argumentation, on établit une communication avec les siens.

Dans cette perspective à la fois interactionniste et instrumentaliste, le préjugé est un élément dans des processus de communication qui sont aussi des processus d'apprentissage s'opérant à travers les relations interpersonnelles au sein du groupe majoritaire, ainsi que sous l'influence des mass media.

Mais peut-on pousser très loin l'idée d'une instrumentalité du préjugé ? En fait, plus celle-ci est affirmée et plus le préjugé est subordonné au calcul et au choix rationnel. A la limite, la notion de préjugé perd tout contenu s'il s'agit d'expliquer le racisme par l'intérêt qu'y trouve le raciste ; c'est pourquoi les propositions radicales de Michael Hechter dans son apologie de la théorie du choix rationnel appliquée à l'étude de relations de races ou celles, plus nuancées et prudentes, de Michael Banton dans plusieurs de ses écrits, qui se réfèrent aussi à cette orientation, ne nous semblent apporter qu'un éclairage bien étroit sur le racisme dans ce qu'il présente de construction imaginaire ou de représentation, au sens des psychosociologues[12]. D'ailleurs, le préjugé racial, pour rester encore un instant dans cette perspective, n'a-t-il pas aussi un coût considérable – « le préjugé, affirment Simpson et Yinger dans leur ouvrage classique, est un luxe coûteux en terme d'intérêts et de valeurs du point de vue de la personne à préjugé[13] » ?

A partir du moment où la structure sociale est aussi raciale, où les formes de domination, de conflit ou de stratification sociale sont traversées, quel qu'en soit le principe d'organisation, par des oppositions vécues en termes de race, et même s'il est excessif d'adopter un point de vue instrumental, il n'en est pas moins tout sauf absurde de postuler un lien direct entre l'expression de préjugés et l'appartenance à un groupe dominant.

Pourtant ce postulat ne répond manifestement pas à toutes les situations, et est peut-être moins robuste qu'on pourrait le croire.

2. Perte et reconstitution du sens

Le racisme des « petits Blancs » – nous l'avons vu chez Tocqueville, Weber ou Myrdal – permet à un acteur socialement menacé, en chute ou en bas de l'échelle sociale, de créer une distance et une supériorité avec un groupe – les Noirs – dont il n'est sinon plus guère séparé en termes proprement sociaux. Ce mécanisme s'applique à une situation concrète où il y a présence conjointe de Blancs et de Noirs ; mais il n'appelle pas nécessairement, au départ, une relation raciale ou sociale entre les deux groupes : il peut contribuer à la créer si elle n'existe pas – ce qui nous éloigne déjà quelque peu de l'idée selon laquelle le préjugé est inéluctablement la marque d'un rapport déjà construit, d'une domination ancrée dans les faits.

Un autre cas de figure va nous aider à préciser un raisonnement qui, sans remettre en cause celui qui vient d'être présenté, apporte une perspective différente. Il nous est donné, et de belle manière, par l'analyse de la rumeur d'Orléans, telle qu'elle a été proposée par Edgar Morin[14].

A la fin des années soixante, une rumeur s'est répandue dans la ville d'Orléans, accusant les commerçants juifs de droguer à leur insu les jeunes filles de leur clientèle, pour les expédier ensuite dans des réseaux de traite des

Blanches. Cette rumeur antisémite traite sur un mode mythologique de thèmes sociaux et culturels ; Morin montre bien qu'elle témoigne de la peur du changement et de la modernité que signifient, pour une ville de province qui en fut relativement à l'écart, la nouvelle culture des années soixante ou le mouvement de Mai 1968. La drogue, la traite des Blanches, par exemple, peuvent être lues comme le mode de gestion d'un conflit non déclaré entre le désir des jeunes filles de voyager, de participer à la culture moderne, et un provincialisme traditionnel qui ne peut que s'opposer à ce désir. Le préjugé ne se fixe évidemment pas par hasard sur les Juifs. Le Juif, en effet, apporte la figure classique, réactivée pour l'occasion, du conflit ou de la contradiction entre tradition et modernité, ou entre particularisme et universalisme, et constitue le bouc émissaire permettant de résoudre mythiquement ce type de tension ; c'est un « être à double visage », à la fois honorable et moderne, mais rapace, semblable à tout le monde, mais appartenant à un univers mystérieux, installé au cœur de la ville, mais étranger[15].

On constate qu'à Orléans la rumeur n'a rien à voir avec un conflit économique ou social qu'elle viendrait directement exprimer. Elle n'accompagne pas une pression – du commerce non juif par exemple – pour se débarrasser d'une concurrence efficace, elle ne s'inscrit dans aucune tension réelle entre commerçants juifs et autres acteurs locaux, elle ne nous livre pas la clé d'un rapport de ce type. Elle gère, à sa façon, une combinaison de manque – « le vide au cœur de la ville, le vide éthique, le vide politique, le vide affectif, le vide existentiel » qu'elle vient combler, nous dit Morin[16] – et de peur de la modernité. Elle construit un sens là où les repères se brouillent ou sont absents. Le préjugé, ici, procède d'une perte de sens, qu'il vient pallier par une reconstitution imaginaire qui s'alimente de la réactivation de la figure traditionnelle du mal – le Juif.

On peut accorder à ce mécanisme une certaine généralité,

et considérer que dans bien des cas le préjugé racial est un mode de gestion du sens qui procède par substitution d'une signification non sociale à une catégorie sociale lorsque cette dernière est déstabilisée, défaillante ou épuisée. Ce mode de gestion comporte donc deux éléments. Dans un premier temps, sa virtualité apparaît dans la destruction de rapports sociaux ou intercommunautaires, ou dans leurs difficultés à se constituer, lorsque les « petits Blancs » américains sont pris dans un sentiment de chute sociale, lorsque le mode de vie provincial d'Orléans est ébranlé par l'irruption de la nouvelle culture – la brèche dont parle Morin dans un autre livre[17]. Dans un second temps, il se concrétise par l'installation de l'acteur dans une identité non sociale, raciale en l'occurrence – identité dont il trouve le substrat dans un vieux fonds culturel et historique, ou en survalorisant son propre phénotype au détriment d'un autre. Ce n'est pas la force du dominant dans un rapport social ou interculturel qui fonde ici le préjugé, c'est la combinaison de deux éléments : d'une part la crise de l'acteur, sa faiblesse, son sentiment de chute ou de menace, et d'autre part sa capacité à puiser, dans des références historiques et culturelles ou dans l'infériorité manifeste d'un groupe lui-même déjà racisé, les éléments d'une identité non sociale, négative pour l'Autre – assimilé au mal et à l'infériorité – et positive pour l'acteur raciste.

3. Le racisme « symbolique »

Quand le racisme traverse nettement une société et ses institutions et quand, surtout, il est associé à des formes concrètes de domination, le mécanisme qui vient d'être présenté est certainement moins visible et moins présent que lorsque le phénomène raciste est émergent, en cours de constitution ou de transformation tranchée. Aux États-Unis, où ceux qui furent les pionniers de la mesure du préjugé et des attitudes raciales – des chercheurs comme Emory Bogardus ou Eugene L. Hartley – ont pu dégager l'image d'un modèle de préjugés qui « est pratiquement une institution américaine[18] », le préjugé racial est inscrit dans la structure sociale, et le processus de *perte de sens* et de *reconstitution d'un sens* est moins décisif ou nécessaire que celui de la *reproduction* du préjugé – à travers, par exemple, la socialisation des enfants. Ce qui n'exclut pas des modifications de son contenu, comme en témoigne la vitalité des travaux qui, depuis les années soixante-dix, s'intéressent à ce qui serait le plus récent avatar du phénomène raciste dans ce pays : le « racisme symbolique ».

Le « racisme symbolique », comme courant de pensée, est né du constat que, au cours des années cinquante et soixante, les luttes pour les droits civils, ou contre la ségrégation scolaire, la montée des mouvements noirs, le renforcement des couches moyennes noires, voire de la bourgeoisie noire, ou les politiques urbaines ont modifié non seulement la vie politique du pays, et la situation des Noirs, mais aussi les préjugés raciaux des Blancs. Sous leur forme classique, les préjugés sont en régression. Ainsi, en 1942, 42 % des Blancs pensaient que les Noirs ont la même intelligence que les Blancs, ils sont 78 % en 1956 ; 42 % des Blancs estimaient que les Noirs devraient avoir la même chance qu'eux face à l'emploi, ils sont 95 % en 1972. Les préjugés les plus grossiers s'affaiblissent, mais 25 % seulement des Blancs pensent en 1978 que le gouvernement fédéral devrait veiller à ce qu'enfants noirs et blancs aillent dans la même école, alors que ce taux était de 48 % en 1966[19]. On est donc passé de préjugés lourds à des formes plus subtiles qui constituent un « racisme symbolique » aux caractéristiques bien particulières : rejet des stéréotypes grossiers et de la discrimination la plus visible ; refus du changement racial pour des raisons ostensiblement non raciales ; sentiment que les Noirs « poussent trop fort » et

« montent trop vite », grâce à une « discrimination à l'envers » qui défavorise les Blancs à leur profit ; déni de l'idée de ségrégation puisque les Noirs auraient le même accès que les Blancs aux marchés du travail et du logement[20]. Dans ce nouveau racisme, il y a l'idée que les Noirs violent ou pervertissent les valeurs américaines – qu'ils abusent, par exemple, du Welfare State, au lieu de jouer le jeu de la compétition individuelle et de compter d'abord sur eux-mêmes et sur leurs propres mérites –, qu'ils mobilisent à l'excès, et à leur avantage, le gouvernement et les médias – thèmes qui, notons-le au passage, ne sont pas très éloignés de ce qui s'entend souvent, en France, à propos de l'immigration.

Mais l'évolution qui permet d'opposer un racisme nouveau, « symbolique », plutôt ancré chez les couches moyennes, au vieux racisme populaire ne signifie pas une dissociation accrue entre la conscience des porteurs du préjugé et l'organisation sociale et politique du racisme américain ; elle semble plutôt en accompagner les changements, en même temps qu'elle exprime peut-être, plus spécifiquement, les phénomènes de mobilité relative descendante qui ont particulièrement affecté les couches moyennes dans les années soixante-dix et quatre-vingt[21]. Ce type de préjugé, qui relève d'un racisme inégalitaire, résiste certes à la critique rationnelle ou à la confrontation avec les faits ; mais ses modifications mêmes indiquent qu'il garde un certain contact avec la réalité et que, s'il la distord, il ne s'en détache pas pour prendre un tour totalement mythique ou imaginaire. Mieux même, il témoigne d'une certaine capacité de l'acteur à mettre en avant des explications rationnelles ou des faits qui renvoient à l'idée de problèmes sociaux bien réels : il n'est pas faux de dire que le *busing* impose effectivement aux enfants de très longs déplacements, tout comme il n'est pas absurde d'affirmer qu'une école à très fort taux d'étrangers ne parlant pas la langue nationale pénalise les autres enfants. A l'inverse, le préjugé du racisme « différentialiste » n'a pas besoin, pour opérer, de garder un lien quelconque avec la réalité et de s'adapter à ses transformations. Surtout, il témoigne d'une disjonction entre les phénomènes sociaux, politiques ou culturels dont il procède et ceux qu'il construit sur un mode imaginaire, à l'aide de récits mythiques – comme dans le cas de la rumeur d'Orléans – ou selon des procédés qui reposent très largement sur le mécanisme du bouc émissaire. La force du préjugé, dès lors, est d'autant plus grande que le fossé entre ses sources sociologiques et son point d'aboutissement est considérable, que la perte de sens où il se constitue est massive, et que les rapports sociaux ou autres dans lesquels pourrait se réinstaller l'acteur sont eux-mêmes hors de toute atteinte.

La rumeur d'Orléans, pour poursuivre encore un instant avec Edgar Morin, est un cycle bref, vite décomposé : « le fantasme s'est mué en mythe, en délire, qui est redevenu fantasme, tandis que le mythe laissait en héritage des mini mythes[22] » – ce qui est la marque d'un phénomène passager, commandé par une mutation à laquelle la population d'Orléans a eu peur de participer, avant d'avoir la possibilité de le faire. Le préjugé a gonflé, puis s'est rétracté, dans son expression tout au moins. Dans d'autres situations – où la mutation est plus longue, plus profonde, et abandonne, culturellement ou socialement, de nombreux laissés-pour-compte, incapables de s'inscrire dans les nouveaux rapports culturels et sociaux qu'elle implique –, le préjugé racial a une probabilité beaucoup plus grande non seulement de se mettre en place ou de se développer, mais aussi de devenir obsessionnel ou lancinant dans la pensée de ceux qui le portent.

Ce qui nous mène, en fin de compte, à un véritable paradoxe. Plus le racisme est indissociable de rapports sociaux tangibles, et moins le préjugé en tant que tel peut échapper à la conscience des acteurs. Ce qu'on appelle alors « préjugé » est une expression de cette conscience, qui accompagne des formes concrètes de domination et qui évolue en même temps que ces formes elles-mêmes se transforment. Plus, à l'inverse, le racisme procède d'un processus de perte et de reconstruction imaginaire du sens, plus il construit une image mythique d'un ennemi – qu'il naturalise, essentialise, biologise ou démonise –, plus il y a disjonction entre les problèmes sociaux et culturels où il s'élabore et les rapports mythiques qu'il invente, et plus il est étranger en tant que tel à la conscience de celui qui le porte. Quand le préjugé est dans une correspondance, même limitée, avec des rapports concrets, il est moins opaque à la conscience de l'acteur que lorsqu'il se construit sur un registre imaginaire – comme dans le cas, paroxystique, de l'antisémitisme sans Juifs qui s'est développé dans la Pologne contemporaine, et dont une des caractéristiques les plus étonnantes est qu'il est très présent dans le discours de ses protagonistes, mais que ceux-ci sont toujours surpris d'en être accusés ou, tout au moins, de ne pas être compris lorsqu'ils critiquent les Juifs.

Dans tous les cas, le préjugé exprime la conscience de l'acteur, mais celle-ci ne lui est jamais ni totalement réductible ni totalement étrangère. Elle est plutôt l'un ou plutôt l'autre, selon que le racisme fonctionne sur fond d'un unique ensemble de rapports sociaux et de formes concrètes de domination, ou sur un double registre – l'un réel, dans lequel le groupe racisé n'a pas grand-chose à voir, l'autre fantasmatique, dans lequel, au contraire, il vient prendre le rôle central.

7

Ségrégation, discrimination

Manifestations concrètes de racisme, la ségrégation et la discrimination doivent être analytiquement distinguées. La première tient le groupe racisé à distance, lui réserve des espaces propres qu'il ne peut quitter que sous certaines conditions, plus ou moins restrictives ; la seconde lui impose un traitement différencié dans divers domaines de la vie sociale, auquel il participe sur un mode qui l'infériorise.

Dans la pratique, ségrégation et discrimination peuvent se combiner, comme en Afrique du Sud où l'apartheid signifie aussi une organisation économique de la production qui fait des Noirs un groupe socialement dominé, et pas seulement ségrégué. Elles peuvent aussi, à l'inverse, tendre à se dissocier, au fil de processus où l'une des logiques l'emporte sur l'autre. C'est ainsi que l'expérience nazie s'est soldée non seulement par une ségrégation absolue – ghettos de Pologne, camps de concentration –, mais par la destruction de ceux qui étaient ainsi rassemblés, au détriment, si l'on ose dire, d'une exploitation économique, qui fut massive mais s'est avérée de plus en plus secondaire face au projet de la solution finale.

Dans les situations moins extrêmes, il n'est pas toujours facile de faire la part des choses, tant les deux logiques s'alimentent ou se complètent l'une l'autre, au terme de processus parfois paradoxaux. C'est ainsi, par exemple, que l'historien C. Van Woodward a montré comment les transformations économiques et sociales de la fin du siècle dernier dans les États du Sud des États-Unis ont entraîné, simultanément, une discrimination raciale dans l'industrie et, sous la pression des Blancs des couches inférieures, les mesures ségrégatives des lois Jim Crow[1]. C'est ainsi, également, qu'on ne peut qu'être frappé, dans la France contemporaine, par les glissements qui tendent à ségréguer l'immigration, et pas seulement à la discriminer[2].

Catégories empiriques, ségrégation et discrimination ne correspondent pas à des catégories analytiques claires, et cela semble surtout vrai de la discrimination, dont un important courant d'inspiration néo-classique met en cause sinon la réalité, du moins le concept. Figure de proue de ce courant, Thomas Sowell demande qu'on ne confonde pas discrimination et exploitation et, comme l'a bien perçu Pierre-André Taguieff, met en évidence la pluralité de significations attachées à une notion qui risque de ne recouvrir que « des positions de principe conceptuellement vides, des attitudes morales formelles, s'appliquant à toutes les situations sociales possibles et à aucune en particulier (et précisément)[3] ». Mais ne nous y trompons pas. Le problème de Sowell n'est pas de souligner le vide d'une notion, mais surtout d'en contester l'emploi, à son sens fourvoyé, en reprenant et développant la thèse classique de Gary Becker, selon laquelle le marché et l'économie libérale, fondés sur la concurrence, interdisent la discrimination raciale – qui serait bien plus grande dans les organisations publiques, qui n'ont pas à se préoccuper de productivité et de profit[4]. Position qui rejoint à bien des égards les préjugés tels qu'ils sont décrits dans la littérature du « racisme symbolique », et qui n'est pas très exigeante quant aux faits sur lesquels elle s'appuie – comme l'a montré Judith Shapiro dans sa critique décapante de *Markets and Minorities* de Sowell[5]. Le sens commun se réfère confusément aux notions de discrimination ou de ségrégation raciale, et la vulgate antiraciste les utilise abusivement : ce n'est pas une raison pour s'écarter des réalités, bien tangibles, qui relèvent ne serait-ce que partiellement de ces deux formes élémentaires de racisme.

1. La ségrégation

La ségrégation inscrit le racisme dans l'espace, elle marque l'organisation géopolitique d'un pays ou celle, plus limitée, d'une ville. Elle dessine des figures spatiales, que ce soit à travers des mécanismes sociaux spontanés, des conduites individuelles où mobilité sociale et mobilité résidentielle s'entrecroisent sur fond de racisme, ou à travers l'intervention des institutions, locales ou nationales, de lois, de règlements, ou de violences plus ou moins tolérées par le pouvoir politique.

Mais, effectivement, toute ségrégation n'est pas nécessairement raciale ni imposée, et la ségrégation peut elle-même se prolonger dans des logiques où la notion de race devient secondaire et où s'imposent d'autres catégories, sociales et économiques plus que biologiques ou physiques. L'expérience américaine, telle qu'elle est analysée depuis les travaux pionniers de l'école de Chicago, va nous aider à illustrer et préciser cette remarque.

1. La ségrégation ethnique

Les sociologues de Chicago, qui furent les premiers à étudier concrètement les phénomènes de ségrégation spatiale, n'y ont pas cherché, au départ, l'expression d'un quelconque racisme. Ils ont surtout voulu, dans une perspective écologique, proposer des modèles d'occupation de l'espace urbain, et parfois même de véritables lois de développement de la ville. C'est ainsi que Ernest W. Burgess a formulé sa célèbre « hypothèse zonale » – qui, selon lui, rend compte de la croissance urbaine à partir du centre d'affaires[6]. Dans l'expansion de la ville, explique-t-il, « intervient un processus de distribution qui sélectionne, classe et resitue les individus et les groupes par résidence et par métier. Il en résulte une différenciation de la ville cosmopolite en aires[7] ». Cette différenciation, qui concerne avant tout les grandes villes du Nord des États-Unis, a d'abord été perçue en termes ethniques. La ségrégation, ici, est commandée par des mouvements migratoires et le regroupement, quasi spontané, des nouveaux venus en fonction de leur communauté d'origine – polonaise, italienne, etc. Elle constitue l'expression la plus visible, car spatiale, du *non melting pot* américain, où diverses minorités ethniques, c'est-à-dire définies par l'origine nationale ou religieuse et non par la race, cohabitent dans un espace où chacune peut se définir en termes communautaires. Surtout, elle est perçue comme un phénomène positif : « la ségrégation, explique par exemple Burgess, offre au groupe et, par là même, aux individus qui le composent une place et un rôle dans l'organisation totale de la vie urbaine[8] ». Les Juifs, ici, ne sont guère fondamentalement distincts des autres minorités ethniques venues fonder la nation et la démocratie américaines, et y participer – et le ghetto juif, dans cette perspective, appelle une appréciation sinon entièrement favorable, du moins ambivalente, comparable à ce qui est dit des quartiers propres à d'autres minorités. Dans son ouvrage classique sur le ghetto, Louis Wirth étend cette appréciation, bien au-delà de l'expérience américaine contemporaine, à la formation des ghettos dans l'Europe médiévale – le ghetto, explique-t-il, n'est pas le fruit d'une décision politique de l'État, ou de l'Église, mais la « cristallisation inconsciente des besoins et des pratiques enracinés dans les coutumes et les traditions religieuses ou séculières des Juifs eux-mêmes. Bien avant que cela ne leur fût imposé, les Juifs vivaient à part de leur plein gré[9] ».

Ethnique, la ségrégation spatiale est ici un processus quasi naturel, mais aussi voulu par ceux-là mêmes qui constituent ou reconstituent des communautés. Elle leur apporte la chaleur et la protection d'une culture vivante, éventuellement diversifiée ; elle leur offre des ressources économiques et politiques. Et, si elle est parfois vécue comme pesante, fermée sur elle-même, étrangère à la modernité, elle n'en est pas pour autant totalement close, bien au contraire. La ségrégation elle-même, explique Robert Park, « tend à faciliter la mobilité des individus. Les processus de ségrégation instaurent des distances morales qui font de la ville une mosaïque de petits mondes qui se touchent sans s'interpénétrer. Cela donne aux individus la possibilité de passer facilement et rapidement d'un milieu moral à un autre et encourage cette expérience fascinante, mais dangereuse, qui consiste à vivre dans plusieurs mondes différents, certes contigus, mais par ailleurs, bien distincts[10] ». La ségrégation, à la limite, est un sas vers la modernité et la participation, que l'on franchit en s'appuyant sur la sécurité et les ressources qu'elle apporte, où l'on retourne si besoin est ; plus les Juifs s'écartent spatialement du ghetto, note par exemple Louis Wirth, plus ils passent, en matière religieuse, de l'orthodoxie au conservatisme, puis à la réforme. Ce thème du passage, du sas, de la transition rencontre d'ailleurs avec le Juif sa figure emblématique, telle que l'a décrite Georg Simmel dans son texte puissant sur l'Étranger ou telle que la développe Robert Park lorsqu'il parle de l'Homme Marginal – figure décrite en des termes positifs, et qui est le pendant, optimiste, du mythe antisémite que nous avons rencontré en évoquant la rumeur d'Orléans[11]. Mais, ici, la question du racisme n'est guère présente. La ségrégation dite « ethnique », c'est-à-dire l'inscription sur l'espace de communautés définies en termes avant tout culturels, constitue un modèle qu'on peut appeler pluraliste, qui n'exclut pas tensions, voire violences intercommunautaires, mais qui accorde à chaque groupe, aussi longtemps qu'il reste défini en termes culturels, une participation comparable à celle des autres dans la vie sociale et politique. Elle semble aussi s'inscrire dans un cycle dont nous avons déjà vu, chez Robert Park, qu'il passe par la succession du contact, de la compétition, de l'accommodement, de l'assimilation et de l'amalgame, et que d'autres auteurs présentent en des termes légèrement différents. Emory S. Bogardus, par exemple, constate que les relations entre Blancs et Chinois, Japonais, Philippins ou Mexicains en Californie passent par sept phases : curiosité et amusement, bien-être économique, antagonisme industriel et social, mesures restrictives et attaque politique et législative, tendance au *fair play*, apaisement, et enfin problèmes de la seconde génération[12].

Tout change à partir du moment où un groupe est traité sur un mode racial, et la ségrégation, dès lors, prend un tour différent.

2. *La ségrégation raciale*

A partir des années trente et quarante, la sociologie américaine, y compris celle de l'école de Chicago, a pris conscience que la ségrégation des Noirs, en particulier dans les métropoles industrielles du Nord, n'obéissait pas aux mêmes processus que celle mise en place par les autres minorités. Le mouvement migratoire qui peuple ces villes d'un prolétariat noir « n'obéit pas, comme l'écrit René Duchac dans une synthèse éclairante, aux mêmes lois que l'intégration des groupes d'immigrants blancs, et tend même à évoluer dans des directions opposées[13] » – et une immense littérature s'attache, à partir de cette époque, à rendre compte de la spécificité d'une ségrégation devenue raciale.

Celle-ci n'aboutit pas à la participation, mais, bien davantage, à la mise à distance résidentielle, au terme d'un processus dont les quatre étapes principales ont été décrites, notamment, par les Duncan : pénétration (quelques Noirs arrivent dans une zone blanche), invasion, consolidation, entassement[14]. L'idée d'un « seuil critique » apparaît, qui correspond au moment empirique où le taux de Noirs dans la population totale entraîne inévitablement la ségrégation. Seuil d'intolérance, et non de tolérance, qui traduit non pas des problèmes particuliers d'intégration ou de cohabitation, mais bien leur refus, raciste, et que certains travaux s'efforcent de chiffrer : jusqu'à 10 %, constate Otis Duncan dans les années soixante, les Noirs peuvent généralement se disperser dans la communauté urbaine, mais, au-delà, il se met en place, inéluctablement, un mécanisme de ségrégation[15].

Non seulement la ségrégation raciale se développe, mais elle semble se substituer à la ségrégation ethnique qui s'affaiblit considérablement, comme l'indiquent Karl E. Teuber ou Stanley Lieberson dans les années soixante[16]; la distinction principale est dès lors celle qui sépare quartiers blancs et quartiers noirs, bien plus que les quartiers blancs entre eux.

Le quartier noir présente à bien des égards, dans les années quarante et cinquante, des caractéristiques comparables à celles des quartiers des minorités ethniques, et on peut parler, à son égard, de ghetto noir – comme l'ont fait St. Clair Drake et Horace R. Cayton dans leur livre sur la « Black Metropolis » de Chicago[17]. Le racisme explique en bonne partie la concentration des Noirs dans des espaces ségrégués, désertés par les Blancs – ce qui n'implique pas nécessairement, contrairement à une idée reçue, l'effondrement du marché du logement[18] ; il explique aussi, en bonne part, leur discrimination sur le marché du travail pendant l'ère industrielle classique – où ils occupent pour l'essentiel des emplois non qualifiés et à bas salaire –, ainsi que leur exclusion de fait, jusque dans les années soixante, de la vie politique, locale et nationale. Mais il arrive un moment où la ségrégation, avant tout raciale, se renforce et même se prolonge par d'autres logiques, sociales et économiques, dans lesquelles se constitue, au sein d'énormes poches de misère, un sous-prolétariat noir dont le sort s'explique moins qu'auparavant en termes de racisme – d'où le titre provocant du livre, très controversé, de William J. Wilson, sur la signification déclinante de la race[19]. La ségrégation raciale, indissociable ici de la discrimination, ne disparaît pas, mais elle a construit une situation – le ghetto noir, misérable – qui constitue un legs dont l'évolution n'a plus besoin, comme avant, du racisme pour se perpétuer et renforcer la misère et l'exclusion.

3. La ségrégation totale

Le ghetto noir d'aujourd'hui, l'« hyperghetto », comme disent Loïc Wacquant et William Wilson[20], n'a plus rien à voir avec l'image classique du ghetto à la Louis Wirth. C'est un lieu, d'une étendue souvent impressionnante, que caractérisent la pauvreté croissante, le logement dégradé, l'école médiocre. On ne saurait parler à son propos de culture, de communauté, mais bien davantage de chômage, d'exclusion économique, d'incapacité des habitants à mobiliser des ressources assurant, ne serait-ce qu'à certains, une chance de mobilité ascendante dans la société américaine. L'hyperghetto, c'est également la famille déstructurée, souvent monoparentale, la rareté de l'emploi sur place, l'absence d'action collective en dehors des gangs ; c'est une jungle où règnent vite la violence et la drogue ; c'est la combinaison de la ségrégation spatiale et de l'exclusion sociale et économique ; c'est le lieu de formation et de reproduction d'un sous-prolétariat noir, urbain, l'*underclass*, dont le concept, qui s'est précisé ces dernières années, s'éloigne considérablement de celui d'armée de réserve ou de *Lumpenproletariat*.

La formation de cette *underclass* n'aurait pas été possible sans l'accumulation antérieure de diverses formes de discrimination et de ségrégation raciales ; mais elle doit beaucoup, et de plus en plus, à la transformation de l'économie américaine et à sa formidable dualisation, perceptible dès les années soixante-dix[21]. Celle-ci s'est jouée avant tout sur le marché du travail, et opère sur des bases qui ne sont pas raciales. Si les Noirs les plus pauvres, les moins formés, les plus démunis se retrouvent exclus ou marginalisés, tandis que d'autres, très minoritaires, relèvent des couches moyennes ou de la *black bourgeoisie* décrite par Frazier dès les années cinquante[22], c'est parce que l'évolution générale du système économique les rejette – non pas en tant que Noirs, mais parce qu'ils ne sont pas éduqués ou qualifiés, qu'ils sont trop enfermés dans leur ghetto pour être informés des possibilités d'emploi qui s'offrent en dehors ou y avoir accès physiquement. Le problème n'est pas que les Blancs les dominent, les exploitent, les ségrèguent, il est au-delà, dans une situation qui s'alimente d'elle-même, en même temps que des changements généraux par lesquels la société américaine se postindustrialise.

Ce constat et cette analyse ne sont pas acceptés par tous les chercheurs, et de vives controverses opposent, en particulier, deux lignes de pensée. Les uns maintiennent l'idée d'une centralité du racisme, y compris dans la formation de l'*underclass* noire, et demandent qu'on n'oppose pas trop vite un sous-prolétariat noir, victime d'une ségrégation totale – sociale et raciale – de couches moyennes ou bourgeoises noires qui, elles aussi, continueraient à souffrir du racisme. Cette position a été défendue, notamment par Kenneth B. Clark, à l'occasion de la polémique déclenchée par la parution du livre de Wilson déjà cité[23]. D'autres, à l'inverse – dont Wilson –, soutiennent l'idée d'une division structurelle parmi les Noirs, dont certains bénéficieraient des progrès apportés par la lutte pour les droits civils et par la pression des mouvements noirs des années soixante et soixante-dix, puis par les programmes de « discrimination affirmative » et les quota assurant un certain taux d'emploi ou d'accès à l'Université pour les minorités, tandis que ceux qui sont pauvres et sous-éduqués s'enfonceraient dans la spirale du dénuement. Dans l'ensemble, il semble bien que cette dernière analyse tende à s'imposer. N'a-t-on pas vu l'Association des sociologues noirs américains, violemment hostile aux thèses défendues par Wilson à la fin des années soixante-dix, lui décerner douze ans plus tard sa plus haute distinction[24] ?

4. Du marché à l'action politique et à l'institutionnalisation du racisme

L'expérience américaine, depuis les années vingt, suggère donc d'abord une très grande prudence dès qu'il s'agit de traiter de la ségrégation raciale. Celle-ci n'est pas une donnée immuable, et ne doit pas être confondue avec d'autres logiques[25].

Mais nous n'avons jusqu'ici qu'abordé un aspect du problème, que nous avons limité, pour l'essentiel, à des processus avant tout liés au fonctionnement libre du marché du logement. Aussi longtemps que la ségrégation raciale se joue sur un marché, elle doit être analysée comme un ensemble de comportements individuels, informés par des affects, des préjugés, des représentations qui, avec le racisme, sont suffisamment partagés pour constituer une orientation générale de l'action. C'est d'ailleurs là qu'elle offre le meilleur terrain d'exercice pour une approche en termes de choix rationnel et de maximisation des avantages – dont on trouvera une bonne illustration, à propos de la Grande-Bretagne, chez Michael Banton, ainsi que dans les analyses de John Rex, lorsqu'il explique comment la position sur le marché du logement détermine très largement la ségrégation[26].

Mais l'accès au logement ne passe pas toujours, ou pas exclusivement, par un marché privé ; il relève aussi, pour une part variable selon les sociétés, d'institutions publiques, municipales, régionales, nationales ; il est déterminé, plus ou moins fortement, par des politiques spécifiques, urbaines, foncières. Plus largement, la ségrégation raciale ne se limite pas au logement *stricto sensu* ; elle se joue autour de l'école, haut lieu de débats et de conflits chaque fois qu'émerge et se structure, dans une société, la question du racisme, et, surtout, elle ne se suffit pas toujours des opportunités que lui offre le marché.

Le racisme, dès lors, appelle institutionnalisation, c'est-à-dire lois, règlements, intervention des pouvoirs publics, mise en forme politique dont la figure la plus spectaculaire, dans le monde contemporain, est donnée par l'apartheid sud-africain depuis 1948. Le passage d'une action éclatée, sur un marché, à une cristallisation politique, voire étatique, de la ségrégation raciale ne s'opère qu'à partir d'une action collective, dans laquelle le racisme est nécessairement très explicite. La formation d'une telle action peut s'opérer selon des modalités extrêmement variables. Dans certains cas, la pression politique résulte d'une dislocation de rapports sociaux antérieurs : ce sont les « petits Blancs » du Sud des États-Unis, mobilisés souvent dans la Farmers' Alliance, qui, effrayés de voir les Noirs les concurrencer dans les mines ou les champs de coton, demandent avec le plus d'insistance, dans le dernier quart du XIXe siècle, les mesures instaurant la ségrégation raciale dans divers espaces publics (chemins de fer, bus, etc.), et que plusieurs États (Floride en 1887, Mississippi en 1888, Texas en 1889, Louisiane en 1890, Alabama, Arkansas, Georgie et Kentucky en 1891) entérineront avec les lois Jim Crow. Dans d'autres cas, l'institutionnalisation de la ségrégation résulte de processus plus complexes, où des pressions sociales se mêlent à d'autres significations communautaires et, par exemple, d'inspiration nationaliste pour dessiner un programme qui, avec le temps, peut lui-même évoluer – comme on le constate dans l'histoire de l'apartheid et des mesures successives qui pendant quarante ans n'ont cessé de le préciser et de le renforcer, jusqu'à sa déstructuration à la fin des années quatre-vingt[27].

L'essentiel, ici, est que le racisme apparaît non plus seulement comme un élément de mobilisation individuelle, comme une orientation des conduites d'agents sur un marché, mais comme une signification centrale portée par une force politique, par des mouvements ou des partis accédant au pouvoir d'État, ou suffisamment influents pour l'obliger à aller dans leur sens. Ce saut d'un racisme diffus à une action collective, lorsqu'il s'opère, peut faire plus que prolonger des tendances spontanées et générer alors une dynamique nouvelle, une radicalisation du racisme, une extension, une généralisation. Ainsi, en 1948, l'apartheid était un slogan et un programme ; au début des années soixante, il apparaît comme une « théorie unifiée », dont le principal porte-parole est le Premier ministre d'Afrique du Sud, Verwoerd[28]. Au début des années soixante-dix, il acquiert une définition légale, excluant les Noirs de la citoyenneté – et la politique des *Homelands* se développe, en même temps que des programmes massifs de déplacement des populations noires.

Dans la dynamique qu'autorise l'institutionnalisation de la ségrégation, la violence tient une place qu'elle n'a guère aussi longtemps que le phénomène se situe sur un marché. La ségrégation raciale diffuse procède sans coercitions majeures, elle semble se construire spontanément, par l'arrivée et le départ d'individus qui créent, au bout d'un certain temps, une situation de fait. Mais, lorsqu'elle se hisse au niveau politique, elle appelle, pour s'imposer, se maintenir et s'étendre, des violences para-étatiques, voire étatiques – dont, là encore, l'Afrique du Sud a donné des images souvent dramatiques avec, notamment, la répression sanglante des émeutes de Soweto en 1976-1977. En ce sens aussi, le passage du racisme au niveau du système politique et de l'État constitue un saut considérable.

2. La discrimination raciale

Les domaines où la discrimination raciale s'exerce sont nombreux et se confondent parfois avec ceux de la ségrégation, qui peut en être une conséquence. Ainsi, en refusant de louer des appartements aux membres d'un groupe racisé, ou en leur imposant des contraintes qui les découragent – en leur faisant payer plus cher à qualité égale, en les orientant vers certaines filières plutôt que vers d'autres –, les acteurs qui vendent et louent – particuliers, agences immobilières, offices de logement social, municipalités, etc. – peuvent fort bien en effet adopter une attitude discriminatoire qui se soldera par une ségrégation de fait.

La discrimination à l'école, elle aussi, peut avoir ce type de résultats. En laissant les enfants du groupe racisé s'orienter vers une école non nécessairement ségréguée, mais simplement moins efficace ou adaptée à leurs difficultés spécifiques, en leur offrant une scolarité médiocre, on leur apporte un avenir lui aussi plus difficile, des chances minimes d'ascension sociale, d'accès aux meilleurs emplois, ou même simplement à l'information sur l'emploi ; on crée leur marginalisation ou leur exclusion[29].

Faut-il, à la manière des listes proposées par l'Organisation des Nations unies, poursuivre l'inventaire des lieux où peut s'observer la discrimination raciale[30] ? Celle-ci se rencontre dans l'Université, avec par exemple le principe des quotas ; dans l'emploi, même si elle semble contraire à la logique économique qui veut qu'un employeur donne le primat à d'autres critères que raciaux ; dans le syndicalisme, dans l'entreprise, où elle freine les carrières et promotions de ceux qu'elle atteint[31] ; dans la police, qui traite de façon différente les membres des groupes racisés – arrestations illégales, détention arbitraire, violences plus courantes pour eux que pour d'autres; ou en matière de justice, comme l'indique l'abondante littérature qui examine les condamnations, à crime comparable, des Noirs et des Blancs aux États-Unis[32], ou qui constate que la déviance – selon qu'elle est le fait de Blancs ou de Noirs –, l'alcoolisme, la délinquance juvénile se soldent pour les uns plutôt par l'insertion dans des circuits de réhabilitation et, pour les autres, plutôt par celle dans des institutions beaucoup plus répressives[33]. La discrimination raciale peut être également le fait de la presse, qui ne donne à voir le groupe racisé que sous un certain angle – ne parlant par exemple que de ses crimes et de ses méfaits –, ou de la publicité, qui en présente une image aliénée – celle du bon Noir, type Oncle Tom, qui nous vante telle marque de riz, ou, plus moderne, du Noir agile mais aussi très animalisé, qui se faufile à bicyclette dans les encombrements (et dans la ville) et met en valeur les performances de telle automobile, capable de faire aussi bien que lui. Etc.

Ce qui frappe à l'énumération, non exhaustive, de ces domaines est le caractère dans l'ensemble institutionnel de la discrimination raciale. Mais institutionnalisation, ici, ne signifie pas nécessairement que le racisme soit déclaré, présent dans la conscience de ceux qui, parfois, semblent plus des agents que des acteurs.

1. Le racisme institutionnel

C'est pourquoi, depuis la fin des années soixante, s'est développée la notion de racisme institutionnel, dont une des premières formulations, très militante, est indissociable de la montée des mouvements noirs aux États-Unis. Le racisme, expliquent Stokely Carmichael et Charles Hamilton[34], a deux expressions possibles : il peut être ouvert et individuel ou non déclaré et institutionnel. La première est explicite ; la seconde n'a pas à l'être, et, avec elle, le racisme n'a pas besoin de paraître intentionnel. Il s'enracine dans des pratiques routinières, dans le fonctionnement des organisations. Dans cette perspective, il constitue une propriété structurelle du système, il devient, pour parler comme Blauner, un « phénomène objectif », localisé dans la domination et la hiérarchie sociale[35].

Cette image de la discrimination ancrée au niveau institutionnel renvoie, encore très superficiellement, à un raisonnement qui met l'accent sur l'idée d'un système de la discrimination, d'un ensemble intégré, qui dessine une chaîne infernale. Whitney Young a bien décrit ce circuit bouclé sur lui-même : « je vais chez l'employeur et lui demande d'embaucher des Noirs, et il répond : "C'est un problème d'éducation. J'emploierais votre peuple s'il était éduqué." Alors, je vais chez les éducateurs et ils disent : "Si les Noirs vivaient dans un environnement favorable, s'ils avaient plus de discussions intelligentes au sein des familles, plus d'encyclopédies dans leurs maisons, plus d'opportunités de voyage, une vie familiale plus solide, nous pourrions mieux les éduquer." Et quand je vais voir le promoteur, il me dit : "S'ils avaient l'argent, je leur vendrais les maisons" – et je me retrouve à nouveau devant la porte de l'employeur[36] ».

Dans ce système généralisé de la discrimination, deux pôles jouent un rôle particulièrement décisif : le logement, puisque sa localisation commande celle de l'école, mais aussi l'accès au marché du travail, ainsi que les diverses spirales de la drogue, de la violence ou de la pauvreté ; et l'école, puisque tout s'enchaîne à partir d'une sous-éducation – les bas salaires, le chômage, le logement dégradé, etc. Il y a, dans cette représentation du racisme, l'idée d'un cercle vicieux – formulée dès les années quarante par Myrdal –, d'un fonctionnement mécanique qui assure la reproduction renforcée du système.

Cette idée a été poussée à l'extrême par Robert Friedman, qui demande qu'on ne regarde pas les individus, mais les forces qui coordonnent et dirigent leurs activités. Le racisme américain, explique Friedman, fonctionne à quatre niveaux. Il est d'abord *structurel*, inscrit dans la structure sociale ; puis *procédural*, c'est-à-dire transcrit en politiques et procédures ; *systémique*, c'est-à-dire qu'il apparaît dans divers secteurs qui forment système (logement, éducation, etc.) ; et enfin *idéologique*, c'est-à-dire exprimé par des représentations qui sont souvent fausses ou erronées. Dans cette perspective, la discrimination est déconnectée du préjugé ; les faits, de la conscience ; les pratiques, de la volonté. « Le racisme, affirme Friedman, peut être ouvert ou non, conscient ou inconscient, intentionnel ou non intentionnel, de l'ordre de l'attitude ou de celui du comportement. Il peut résulter de la malice, ou des meilleures intentions ; il peut être fondé sur l'appréhension directe de la race d'une personne ou d'un groupe, ou sur des critères qui n'ont qu'un lien marginal avec la race : il peut être le résultat, simplement, de l'apathie, de l'ignorance, de l'inertie. Et c'est un phénomène distinct du préjugé, qui, lui, dénote des attitudes raciales négatives[37]. »

Mais s'il est vrai que la discrimination raciale est pour l'essentiel un phénomène institutionnel, jusqu'où peut-on accepter des analyses qui dissocient ainsi le système et l'acteur ?

2. Un système sans acteurs ?

Les propositions de Friedman sont radicales, et typiques d'un structuralisme qui maintient une continuité avec le fonctionnalisme parsonien en essayant de « subsumer les quatre catégories de Parsons que sont les rôles, les collectivités, les institutions et les valeurs[38] ». Dans d'autres variantes, c'est plutôt un certain gauchisme qui domine, l'idée que la société, américaine ou britannique – la notion de racisme institutionnel s'est diffusée très tôt au Royaume-Uni –, est organisée autour d'une division primaire et fondamentale entre Blancs et Noirs et que le racisme fait à ce point système qu'on ne peut envisager sa disparition que par une rupture totale, en fait violente et de type révolutionnaire. Le structuralisme, ici, devient souvent marxiste, sous des formes aujourd'hui encore très prégnantes au Royaume-Uni, et la recherche s'intéresse alors tout particulièrement au rôle de l'État dans la reproduction de situations structurées racialement[39]. Certains auteurs, pour bien marquer la séparation des conduites et du préjugé, et affirmer le primat de la structure sur la subjectivité, ont même proposé de l'inscrire dans la terminologie ; c'est ainsi que Ambalavaner Sivanandan distingue entre ce qu'il appelle le « racisme », idéologie explicite de la supériorité raciale, et le « racialisme », traitement inégal des différentes races – distinction instable dans son contenu si on suit la production de cet auteur, mais dont il maintient constamment le principe[40].

L'idée d'une dissociation de l'acteur et du système n'est pas le monopole du structuralisme le plus radical. Elle peut être esquissée, ou présentée de façon beaucoup plus nuancée, par le constat d'un décalage entre les idées et les pratiques, entre les préjugés et les conduites de discrimination – c'est ainsi que Robert Merton a proposé de distinguer quatre types (libéraux absolus, libéraux relatifs, non libéraux absolus, non libéraux relatifs), précisément pour tenir compte du caractère possible mais non obligatoire du lien entre discrimination et préjugé[41]. Elle peut aussi reposer sur une critique de la notion de préjugé, critique dont on a une expression bien formulée avec David T. Wellman[42]. Parler de préjugé, explique ce chercheur – qui présente dans son livre de passionnants entretiens menés avec des « racistes » blancs –, c'est considérer le racisme comme une combinaison d'hostilité et de fausses généralisations à l'égard de groupes définis par la race. Mais que dire, par exemple, de Blancs qui, sans exprimer le moindre préjugé anti-Noirs, souhaitent simplement maintenir le *statu quo* qui les avantage et refusent les demandes de changement institutionnel formulées par les Noirs ? Que penser de ceux qui sont contre la ségrégation scolaire, mais refusent le *busing* obligatoire parce qu'il oblige leurs enfants à passer trop de temps dans les transports ? Wellman constate que le racisme, dans ses manifestations concrètes, n'existe pas aux yeux de ceux qui ne veulent y voir qu'un préjugé, et pour qui il suffit de se comporter de manière rationnelle et conforme aux idéaux américains de l'égalitarisme pour ne pas être raciste ; et il dénonce cette position, qui ne serait rien d'autre qu'une idéologie de couches moyennes blanches, bien-pensantes, éduquées dans les valeurs du *credo* américain à la Myrdal. D'ailleurs, note Wellman, les couches moyennes ne voient pas que l'équation « racisme = préjugé » est un luxe qu'elles peuvent s'offrir, qui leur permet de traiter du racisme comme d'une déviance lourde de troubles de la personnalité – ce qui ne les empêche pas de développer des sentiments racistes dès lors qu'elles sont directement affectées par les demandes et les conduites des Noirs.

En fait, la pratique de la discrimination instituée n'est jamais totalement masquée ou invisible aux yeux de ceux qui en tirent avantage. Elle situe le racisme à un niveau qui demeure informé par la pression ou la résistance de ceux qui en souffrent, par les débats qu'elle génère, les enquêtes, les rapports qu'elle suscite, l'action collective de ceux qui la refusent – et ne sont pas tous nécessairement des membres des groupes discriminés –, l'intervention d'intellectuels, de leaders religieux, la médiation de la presse. C'est d'ailleurs un des aspects les plus intéressants de la législation britannique antiraciste, qui reconnaît, dans la loi de 1976, la notion de « discrimination indirecte » – proche de celle de racisme institutionnel – et qui donne à la Commission for Racial Equality les moyens de conduire des études sur cette forme particulière de racisme[43].

Pourtant, poussée à son terme, l'idée d'un racisme institutionnel disjoint de la conscience de ses agents conduit à un paradoxe inacceptable, puisqu'elle implique que l'ensemble de ceux qui dominent est à la fois totalement innocent et totalement coupable. Elle exonère chacun, puisque seul le système est responsable ; elle charge tout le monde, puisque chacun en tire profit et en participe. Position intenable. Pouvait-on accepter, au sortir de la Seconde Guerre mondiale, le discours de la non-responsabilité tenu par la plupart des hauts dignitaires du régime nazi, une fois arrêtés et traduits devant un tribunal ? Peut-on croire à la seule indifférence de ceux qui, en Pologne, disent n'avoir été que les témoins passifs de la destruction des Juifs d'Europe ? N'y a-t-il pas plutôt à distinguer, parmi eux, ceux qui en furent plus ou moins révulsés, mais impuissants, et ceux qui y trouvèrent, plus ou moins confusément, une source de satisfaction – dont le film de Claude Lanzmann, *Shoah*, a apporté des illustrations saisissantes ?

La discrimination, précisément parce qu'elle est dans une large mesure une forme d'institutionnalisation du racisme, fonctionne à un niveau qui n'est pas celui de la production du phénomène. Elle n'est pas la transcription directe, immédiate, de représentations, de perceptions de l'Autre, de préjugés, mais bien davantage une expression qui s'en est plus ou moins distanciée, un ensemble de pratiques qui ont acquis une certaine autonomie, une dynamique propre, mais modelée par des affects et des intérêts contradictoires, nés de l'histoire et du travail de la société sur elle-même.

A la différence de la ségrégation raciale et de sa dérive extrême : l'extermination ou l'expulsion du groupe racisé, la discrimination raciale incorpore celui-ci, mais sur un mode qui l'infériorise. Elle accompagne des rapports sociaux et politiques, elle ne fonde pas un projet de mise à distance, voire de rupture ou de destruction. Elle ne constitue pas en elle-même une force de mobilisation, ou du moins pas une force aussi puissante que celle qui anime les programmes de ségrégation. D'où ce paradoxe de plus, qui est que, en s'institutionnalisant, elle peut échapper, partiellement, à la conscience des acteurs et en même temps s'inscrire entièrement dans différents domaines de la vie sociale. Force de rupture, de mise à l'écart, de destruction, le racisme de la ségrégation, lorsqu'elle se hisse au niveau politique, acquiert aux yeux de l'acteur une légitimité qui en facilite la conscience ; instrument, mais aussi perversion de rapports de domination, associé à des avantages collectifs, à leur rêve ou à leur fantasme, ancré dans des institutions, le racisme de la discrimination demeure informé par des demandes sociales, des conflits, des phénomènes de mobilité ascendante ou, surtout descendante, et est d'autant moins conscient ou perçu, d'autant moins associé à des préjugés qu'il peut être, avec plus ou moins de mauvaise foi, présenté ou vécu comme autre chose que du racisme – comme la défense d'intérêts économiques ou de positions sociales, par exemple. Ainsi, la montée de la ségrégation au niveau politique implique mobilisation et conscience de l'acteur ; la pénétration de la discrimination dans le système institutionnel tend au contraire à dissocier la pratique du préjugé, l'action et la conscience, ou du moins à autoriser cette dissociation.

8

La violence raciste

S'il y a, selon la belle formulation de Serge Moscovici[1], un « noyau dur » du racisme, un « matériau palpable qui résiste, autour duquel on peut tourner comme les électrons tournent autour de leur noyau, mais dans lequel on ne pénétre pas », celui-ci n'est-il pas dans la violence qu'il fonde ou autorise : massacres massifs, lynchages, pogromes, assassinats, attentats – sans parler de persécutions mineures : menaces, lettres anonymes, agressions limitées, par exemple ? On a parfois tenté d'élaborer une représentation unifiée du processus menant à la violence raciste. Ainsi, Gordon W. Allport se dit « à peu près certain » que, lorsque celle-ci éclate, une série de marches ont été franchies, qui lui ont ouvert le chemin et dont il dresse la liste en neuf points : une longue période où le groupe victime est l'objet de préjugements qui le caractérisent racialement ; une autre, où l'habitude s'enracine de s'en plaindre, de le blâmer, de le soupçonner ; une discrimination croissante ; la montée d'insatisfactions ; la force croissante de l'irrationalisme, l'exaspération proche de l'état d'explosion ; la séduction opérée par des mouvements qui s'organisent, ou par des manifestations moins structurées, des foules ; le courage et le soutien qu'en tirent les individus constatant qu'ils appartiennent à un groupe dont les standards justifient l'action ; l'occurrence d'un événement, ou son invention, au moyen notamment de la rumeur ; la facilitation sociale qu'apportent les premières initiatives[2].

Ainsi formulé, le processus où se débloquent les freins séparant l'agression verbale de la violence ouverte postule une continuité qui mérite discussion. Il suggère, par exemple, que le racisme est d'emblée le moteur de l'action – ce qui n'est pas nécessairement le cas : nous avons constaté, à l'occasion de travaux sur le terrorisme, que l'antisémitisme de certains groupes palestiniens ou arméniens, parmi les plus radicaux, s'il était peut-être en germe ou présent, secondairement, dans leur idéologie initiale, est plus le fruit final de leur dérive vers un terrorisme exacerbé que le point de départ de leur action[3]. C'est pourquoi, plutôt que d'affirmer l'unité profonde ou la continuité qui aboutit à la violence raciste, il nous semble préférable de maintenir le principe d'une démarche analytique, qui repose ici sur trois éléments principaux. Le premier renvoie à l'idée que la violence raciste ne procède pas nécessairement d'un mécanisme unique, et qu'elle appelle non pas un mode de raisonnement, mais plusieurs, quitte à les combiner pour rendre compte de ses manifestations les plus complexes. Le deuxième tient à la différence, qu'il nous semble capital d'établir, entre les expressions politiques et institutionnelles de la violence raciste et celles qui ne le sont pas, ou pas encore. Le troisième, enfin, a trait au caractère limité, ou illimité, de la violence, telle qu'on l'observe dans les expériences historiques les plus lourdes, comme le nazisme ou l'apartheid.

1. Les modes d'approche de la violence

Quelques grands paradigmes balisent la sociologie générale de la violence et sont susceptibles d'être appliqués au cas, plus particulier, du racisme[4].

Le plus courant voit dans les conduites de violence la marque ou la conséquence de la crise (ou de la désorganisation), sociale ou politique. Plusieurs variantes relèvent de cette perspective. Les unes insistent sur la perte de contrôle, ou son affaiblissement, qui libère des affects, des impulsions, des tendances plus ou moins instinctuelles à l'agressivité, en particulier dans les foules. Émotive, suggestive, d'une crédulité sans limites, intransigeante et radicale, confondant l'idée et l'acte, la foule, dans une tradition qui va, avec toutes sortes de nuances, de Gustave Le Bon à Sigmund Freud en passant par Gabriel Tarde ou Scipio Sighele, est sensible aux appels qui lui désignent un bouc émissaire ; « elle croit découvrir, explique Serge Moscovici, que tel ou tel groupe, les Juifs ou les Noirs, conspire, la menace. Elle leur invente des crimes fictifs (meurtres rituels, viols, etc.), souffle sur le feu des rumeurs et se lance enfin dans un pogrome ou un lynchage[5] ». Une variante assez différente s'intéresse aux masses, plutôt qu'aux foules, et, plus précisément, à la massification des sociétés modernes – qui, en s'urbanisant, perdent leurs structures et les formes d'organisation antérieures. La destruction des liens communautaires et des groupes intermédiaires, explique par exemple William Kornhauser, favorise le passage aux conduites extrêmes, au totalitarisme. La violence, y compris raciste, est alors commandée par l'atomisation du corps social et l'espace qu'elle ouvre aux politiques de masse[6]. Beaucoup plus éloignée encore de l'analyse des foules, une troisième variante de l'approche en termes de conduites de crise relève soit directement du fonctionnalisme le plus classique, soit, surtout, d'un néo-fonctionnalisme dont Ted Robert Gurr est la plus haute expression. La violence, ici, exprime la frustration relative d'un acteur déçu dans ses aspirations et devenu agressif. Elle obéit à une dynamique psychologique valable pour toutes les violences civiles de par le monde : « les émeutiers noirs américains et leurs antagonistes blancs, dit Gurr, semblent partager une dynamique basique, psychologique, avec les paysans français en grève, les guérillas du Guatemala et les étudiants qui se révoltent en Indonésie : la plupart d'entre eux se sentent frustrés par rapport à leurs objectifs, ce qui les met en colère et, compte tenu du contexte social immédiat, ils se sentent suffisamment libres ou désespérés pour agir à partir de cette colère[7] ». Ce vaste ensemble d'analyses a le mérite d'insister sur les conditions qui, du côté du système social, favorisent l'expression du racisme. Il appelle aussi de nombreuses critiques qui en limitent singulièrement la portée, et sur lesquelles nous passerons ici[8] pour examiner directement deux autres familles de raisonnements qui se centrent bien plus sur les calculs et le sens que la violence met en œuvre.

La première de ces perspectives voit dans la violence une action instrumentale, commandée par les intérêts, voire les calculs, de ceux qui y participent. Point de vue utilitariste, qui est aussi au cœur des théories du choix rationnel et qui suggère que la violence est liée à l'espoir d'un gain pour son protagoniste. Si la population blanche des grandes métropoles du Nord américain, par exemple, assassine, au fil d'émeutes, de nombreux Noirs – comme ce fut le cas à Chicago en 1919, ou à East Saint Louis en 1917 –, c'est, dans cette perspective, pour interrompre l'afflux massif de Noirs et la concurrence effrénée qu'ils apportent sur le marché du travail ou du logement ; si des pogromes secouent la Pologne dans l'immédiat après-guerre, c'est pour chasser les quelques Juifs venus y reconstruire leur existence, ou même récupérer leurs biens, etc. La violence raciste, dans ce type d'approche, peut être analysée en termes individuels, comme si les participants devaient y trouver une satisfaction personnelle, matérielle ou symbolique ; elle peut l'être aussi en termes collectifs et politiques, dans la tradition qui est celle de la sociologie de la mobilisation des ressources, par exemple avec l'idée qu'elle peut permettre d'expulser le groupe victime d'un système de participation politique, ou de ses positions économiques. La violence raciste est ici un moyen par rapport à des fins.

Ce qui n'apporte jamais, là encore, qu'un éclairage très partiel : qui osera, par exemple, réduire l'expérience nazie à l'action instrumentale d'une clique, d'un parti ou d'une population ? Ce n'est pas parce qu'il y a adéquation des moyens aux fins, et donc rationalité du comportement – dont témoigne, dans l'exemple nazi, la remarquable organisation matérielle de la solution finale[9] –, que la violence elle-même doit être comprise comme un simple moyen. Son sens, presque toujours, va bien au-delà de l'idée d'une instrumentalité : il a à voir avec la subjectivité des acteurs, et pas seulement avec leurs calculs et leur intérêt ; il renvoie à des orientations de l'action, et pas seulement à des stratégies individuelles ou collectives. Dans cette dernière perspective, la violence résulte d'une gestion de significations comparable, dans son principe, à ce qui a été proposé dans le chapitre 6 à propos du préjugé lié au racisme différentialiste. Non pas qu'elle le transcrive directement en action, ou qu'elle le prolonge nécessairement, mais parce qu'elle vient témoigner du même type de processus, qui sont des processus de perte et de reconstitution du sens.

La violence raciste, de ce point de vue, constitue un mode de résolution de tensions, qui s'abolissent sur un bouc émissaire, à l'issue – et c'est là l'essentiel – d'une perte de repères sociaux et culturels, ou d'une menace qui pèse sur eux, d'une déstructuration de rapports sociaux, politiques ou communautaires, ou de son risque, réel ou imaginaire. Le préjugé est une forme douce, ou modérée par l'état du système politique et de l'État, de ce processus. La violence en est la forme radicale, à l'état pur, lorsque la contrainte politique ou morale est faible, ou affaiblie, lorsque le pouvoir lui est lui-même acquis, ou tolérant.

Dans ses expressions concrètes, la violence raciste est un phénomène historique et, comme tel, relève toujours de nombreuses causes, ou facteurs, qui en font autant d'événements uniques, même s'ils se reproduisent à l'identique – comme les pogromes d'Europe centrale au tournant du siècle dernier ou les lynchages dans les États du Sud des États-Unis, si nombreux et répétitifs entre 1890 et 1920. Chacun de ces événements constitue une synthèse, dont les divers éléments peuvent fort bien relever de tel ou tel des modes d'approche qui viennent d'être rapidement évoqués, ou d'autres encore, qui n'ont pas été mentionnés. C'est pourquoi il n'y a pas à opposer entre eux ces modes d'approche, mais plutôt à examiner, dans chaque expérience de violence raciste que l'on considère, s'ils apportent une lumière éclairante, et jusqu'à quel point. Mais s'il s'agit d'isoler, dans telle ou telle expérience, un élément pur, plus particulièrement significatif du caractère raciste de la violence, alors il nous semble qu'il doit être recherché soit dans les processus de perte du sens qui font qu'une représentation imaginaire se solde par l'autorisation que se donne l'acteur de porter atteinte à l'existence sociale et physique de l'Autre, soit dans ce qu'elle apporte, sur un mode plus ou moins instrumental, au maintien d'un ordre racial et d'une domination.

2. Trois niveaux

La violence raciste, aussi mineure ou éclatée qu'elle puisse paraître, n'est jamais totalement indépendante du contexte politique dans lequel elle advient. Mais il convient ici de distinguer analytiquement trois niveaux bien différents. La violence, en effet, est toujours informée ou conditionnée par l'état du système politique ou par l'État, mais elle peut jouer à un autre niveau ; elle peut aussi devenir elle-même politique, c'est-à-dire être prise en charge par des forces plus ou moins organisées qui l'inscrivent au cœur d'un projet et d'une action directement politiques. Elle peut enfin être institutionnalisée dans un État, constituer un principe central de son fonctionnement. Les lignes de démarcation entre ces trois types de phénomènes ne sont pas toujours clairement dessinées, et bien des expériences constituent des cas intermédiaires, ou qui oscillent entre deux niveaux. Elles ne doivent pas moins être établies théoriquement, et avec fermeté. Infrapolitique, la violence raciste semble impulsive, spontanée, éclatée, elle semble jaillir dans des conjonctures particulières de relâchement des contrôles sociaux et politiques : là où l'ordre étatique est lointain, absent, dans des situations fluides, à travers des phénomènes de foule, voire d'émeute ; elle donne l'image de l'explosion, de l'exacerbation, de la résolution soudaine de tensions quasi instinctuelles, sans préméditation. A l'inverse, la violence raciste politique semble structurée idéologiquement, organisée, préparée ; elle est orientée, canalisée, contrôlée et autocontrôlée, impulsée par des agents qui la mettent en forme plus ou moins sciemment ; cette image correspond aussi à la violence de l'État, dont le caractère éventuellement effréné n'empêche pas qu'elle puisse apparaître comme froide et bureaucratique. La violence raciste, pour reprendre une distinction classique, mais superficielle, semble d'autant plus instrumentale qu'elle est politique et d'État, d'autant plus expressive qu'elle est infrapolitique. Le passage d'un niveau à un autre ne se produit pas toujours, et n'est pas nécessairement tranché ; mais il marque une rupture considérable. Ainsi, dans l'histoire du nazisme, une inflexion importante s'est opérée en novembre 1938, au lendemain des violences antisémites de la Nuit de cristal orchestrées par Goebbels – mais avec une participation encore largement populaire –, quand le régime décida d'exercer un contrôle beaucoup plus strict sur les pratiques antisémites, qui devinrent alors son monopole légitime et s'orientèrent vers des mesures beaucoup plus méthodiques, mais aussi relativement dissociées des attentes ou des affects de la population[10].

Il existe une échelle, qui mène d'actes de violence quasi isolés, sans caractère politique, jusqu'à des mesures étatiques réglementées, et même, dans le cas du nazisme, frappées, ne serait-ce que partiellement, du sceau du secret d'État – le « terrifiant secret » dont parle Walter Laqueur[11]. Nous pouvons essayer d'en indiquer la gradation, qui ne fait qu'affiner la distinction principale entre deux niveaux politique et infrapolitique, elle-même déjà précisée plus haut avec les deux sous-ensembles du niveau politique que constituent le système des partis et l'État.

a) Au plus loin de l'État et du système politique, la violence raciste peut surgir malgré les interdits moraux et politiques, dans des situations très localisées – soit qu'elles échappent à tout contrôle et constituent des lieux de transit (trains déserts la nuit, couloirs de métro), soit qu'une tension particulière se produise (à l'occasion d'un incident : une rixe dans un bar ou à l'entrée d'une boîte de nuit par exemple). Même là, il est exceptionnel que la violence soit le fait d'un acteur individuel, et quand c'est le cas, par exemple lorsqu'un petit commerçant utilise son arme dans un geste isolé, elle repose généralement sur une légitimité apportée par le voisinage ou la diffusion d'un thème comme celui de l'insécurité.

b) La violence raciste peut ensuite être liée à l'affaiblissement local du contrôle étatique ou politique ou à sa dégradation. Allen D. Grimshaw donne de ce phénomène des illustrations qui ont trait aux émeutes raciales du début du siècle aux États-Unis[12]. A Springfield en 1908, East Saint Louis en 1917, Chicago en 1919, la violence, si elle ne s'explique évidemment pas seulement par ce facteur, ne se déploie toujours pas moins sur fond de corruption du pouvoir municipal. Un État trop lointain, une situation de « frontière » laissent également vacant un espace où, au nom de l'ordre, se déploie une violence qui peut déjà se rapprocher de formes instituées, avec le recours à la « loi de Lynch » – du nom de ce magistrat qui rendit la justice dans sa propre maison et condamna des voleurs de chevaux, à peine pris, à quarante coups de fouet qui leur furent immédiatement appliqués. Une autre forme de relâchement de l'État est donnée par son incapacité relative à empêcher certaines pratiques policières, dans lesquelles une discrimination plus ou moins inscrite dans les modalités du travail policier se dégrade en violence physique. C'est ainsi que Jean-Claude Monet a suggéré, pour la France, que certaines « bavures », qui sont autant de crimes racistes, procèdent non pas tant de préjugés racistes fortement imprégnés dans la police française que de « dysfonctionnements professionnels », résultant de l'« incapacité du policier à structurer une situation fluctuante, ambiguë ou équivoque, sauf à faire appel à des schémas d'action pauvres et stéréotypés. Le scénario classique est celui du contrôle d'identité nocturne, en l'absence de tout observateur extérieur à la police, et qui s'achève par une ouverture intempestive du feu ; ou encore la tentative d'interception d'un véhicule ou d'un cyclomoteur pour une banale infraction au Code de la route, qui se transforme en course-poursuite parfois mortelle[13] ».

c) Avant de s'installer au niveau de l'État, la violence raciste peut se hisser à celui du système politique, et accompagner alors une action ou des pressions cautionnées par des forces politiques ou morales. C'est ainsi qu'en Pologne, après la guerre, les nombreuses violences antisémites – qui perdurèrent jusqu'en 1947 et culminèrent avec le pogrome de Kielce (4 juillet 1946 – 42 Juifs massacrés) – ne se comprennent pas, abstraction faite de l'attitude générale de l'Église catholique et de l'essentiel de la droite politique polonaise, associant dans une même haine les Juifs ayant survécu à la guerre, et restés ou retournés en Pologne, et le régime communiste en train de se mettre en place et d'étendre son emprise sur le pays[14]. On se rapproche ici d'une première ligne de démarcation, qui sépare violence infrapolitique et violence politique, dans la mesure où la proximité idéologique est grande entre les foules pogromistes et des forces qui interviennent au niveau politique : et on la chevauche même, dans la mesure où un épisode comme celui de Kielce passe nécessairement par des meneurs et des agitateurs plus ou moins liés à ces forces. On ne la franchit pas vraiment, du moins aussi longtemps qu'un lien n'est pas véritablement établi entre l'action et un groupe ou un parti organisé.

d) Un saut est véritablement opéré à partir du moment où la violence est structurée, inscrite dans le programme ou le projet d'une force constituée (ou de plusieurs), dotée d'une certaine stabilité dans le temps. Le racisme peut ici être au cœur de l'action, comme c'est le cas avec le Ku Klux Klan américain et les organisations similaires. Il peut aussi n'en être qu'un élément secondaire, ou dont l'importance et la thématique varient au fil de l'évolution du mouvement. C'est ainsi que les groupes de skinheads, d'abord apparus à la fin des années soixante en Grande-Bretagne, n'ont cessé d'affirmer de plus en plus nettement non seulement un racisme anti-Noirs et anti-Asiatiques, mais un antisémitisme croissant, d'inspiration néo-nazie. La violence, ici, peut être le fait d'organisations secrètes, ou de ramifications clandestines, bras armés d'un mouvement ayant pignon sur rue et installé dans une légalité ou une légitimité, où le racisme est présenté de manière prudente et édulcorée. Elle peut, dans ce cas, n'être que faiblement contrôlée par le mouvement ou le parti légal ou le plus central, et même s'en autonomiser et, à la limite, apparaître comme contraire à ses orientations politiques ou stratégiques.

C'est ainsi que le terrorisme d'inspiration palestinienne prend un tour d'autant plus antisémite, et pas seulement antisioniste ou anti-israëlien, qu'on s'éloigne du Fath, organisation la plus centrale de l'OLP. C'est ainsi, sur un autre registre, que les attentats racistes perpétrés par l'extrême droite française contemporaine semblent contradictoires avec la stratégie légaliste du Front national – ce qui ne signifie par nécessairement qu'on puisse dissocier totalement les violences racistes des uns et le projet politique des autres.

e) Enfin, une deuxième marche est franchie à partir du moment où la violence raciste est, d'une façon ou d'une autre, reconnue, acceptée et instrumentée par le pouvoir d'État. Il convient ici de distinguer au moins trois cas de figure. Le racisme peut constituer un instrument qu'utilise un régime en crise, ou affaibli, pour pallier son impuissance ou ses difficultés, imputées à un *bouc émissaire*. Pratique courante, par exemple, sous les derniers tsars de Russie, associant discrimination et ségrégation des Juifs, diffusion – notamment par la police politique, l'Okhrana – d'une propagande dont les *Protocoles des Sages de Sion* ne sont qu'un cas particulier, et manipulation de l'antisémitisme populaire – notamment pour masquer ou atténuer l'impact d'échecs militaires. Le grand historien Simon Doubnov a bien décrit comment, entre 1880 et 1915, le Juif est toujours en fin de compte accusé des malheurs qui frappent la Russie. Exclus de nombreuses activités économiques, soumis à *numerus clausus* dans les lycées et les universités, contraints d'habiter dans les seules franges du pays, interdits pratiquement dans de nombreuses villes, obligés, de surcroît, à un très long service militaire, les Juifs font ainsi les frais sanglants de la contre-révolution de 1905 en vertu du mot d'ordre lancé en 1881, après l'assassinat d'Alexandre II : « Cherchez le Juif ! » Et, en période de guerre, l'armée et le gouvernement non seulement organisent la propagande antisémite, mais aussi lancent des appels au pogrome, quand ils ne le préparent pas eux-mêmes, très concrètement. « Allemand ou youpin, c'est tout un, c'est tous des traîtres. C'est le chef qui l'a dit », expliquent en 1914 des soldats russes devant un soldat juif qui appartient à la même armée et défend la même patrie[15].

Un autre cas de figure est celui où l'État est le *garant d'un ordre social* fonctionnant sur un double principe de discrimination et de ségrégation. Dans l'apartheid sud-africain, notamment, le problème n'est pas de désigner un bouc émissaire ; il est d'utiliser, si nécessaire, la violence, monopole légitime de l'État, à des fins répressives, pour maintenir l'ordre, sur un mode policier et militaire qui peut confiner à la terreur.

Enfin, un troisième cas de figure est celui où la violence d'État ne tend pas à reproduire un ordre, va bien au-delà de la recherche d'un bouc émissaire et s'oriente dans une *spirale purement exterminatrice et destructrice*. L'expérience stalinienne s'est approchée de ce modèle, qui se serait peut-être même imposé si la mort de Staline en 1953 n'avait pas interrompu un processus où l'affaire du « complot » des médecins juifs n'était qu'une étape[16]; mais, bien évidemment, la principale référence est ici l'expérience nazie.

3. Les limites de la violence

Conditionnée ou autorisée par le système politique et l'État, ou elle-même politique, voire d'État, la violence raciste ne surgit jamais du néant social ; elle nous renvoie presque toujours, mais directement ou indirectement, à des rapports et des changements sociaux, à des phénomènes de mobilité et de chute, à des mouvements de population, ainsi qu'à la constitution, au renforcement ou à la défense de groupes autodéfinis par leur identité, leur communauté religieuse, nationale, ethnique et, en fin de compte, raciale. Ce qui nous amène à deux nouvelles remarques.

La première est qu'une même forme de violence raciste, lorsqu'on la lit à la lumière de ses significations sociales et communautaires, peut fort bien correspondre à des situations extrêmement différentes, mais qui viennent toutes s'abolir dans des pratiques identiques. Les émeutes anti-Noirs, tout comme les lynchages, aux États-Unis, illustrent assez bien cette idée. Les travaux d'Allen Grimshaw montrent bien, en effet, qu'il existe deux types d'émeutes[17]. L'un, *northern style*, dans les métropoles industrielles du

Nord, correspond aux inquiétudes et tensions suscitées par la montée massive des Noirs venus des États du Sud. Montée géographique, mais aussi sociale, que rien apparemment ne peut endiguer – d'où l'exaspération et la crainte croissante des Blancs, et le déchaînement de violences qui s'alimentent d'une certaine capacité des Noirs à y répondre. Le point de départ de l'émeute de Chicago (juillet 1919) est hautement symbolique. Tout commence, en effet, sur les bords du lac, là où deux plages séparent Blancs et Noirs et où une ligne imaginaire, mais en principe respectée, prolonge dans l'eau cette séparation. Des jeunes Noirs s'amusent à franchir la ligne, ou du moins la rumeur en court ; des pierres sont lancées depuis la plage, faisant une première victime. L'affaire dégénère en ville, et il y aura 38 morts. Pour les États du Sud, la violence *southern style* ne correspond pas à la montée et au début d'intégration des Noirs ; elle entend surtout les remettre à leur place, maintenir un ordre traditionnel. Elle terrorise le groupe victime, de sorte qu'il se plie à nouveau et manifeste clairement sa soumission. C'est pourquoi cette violence *southern style* retombe dès qu'elle s'est exprimée et qu'elle est parvenue à bien réinstaller l'ordre racial, alors que son homologue *northern style*, en ne résolvant aucun des problèmes d'où il procède, laisse subsister de fortes tensions après l'émeute.

Il faut de même, et comme le suggèrent de nombreux travaux, distinguer deux types de lynchages[18]. « Bourbonien », le lynchage est le fait de citoyens aisés et influents se livrant au châtiment du « coupable » – en général, un Noir accusé d'un crime qui est fréquemment un viol, ou une tentative de viol, d'une femme blanche. Il est alors bien ordonné, « poli », et constitue avant tout un rappel à l'ordre racial, dans une ville ou une région où celui-ci est implanté de longue date. A l'inverse, il existe aussi un lynchage populaire, désordonné, mais également plus féroce et bestial, moins précis dans le choix des victimes, et qui correspond davantage à des situations de concurrence entre Noirs et « petits Blancs » et à des conjonctures de difficultés économiques – par exemple, de baisse du prix du coton[19]. Dans les deux cas, le thème du crime sexuel émerge fréquemment, vraisemblablement parce que la barrière sexuelle est l'ultime tabou, le dernier et le plus important garant d'un ordre ou d'une différence (sur 4 730 lynchages recensés entre 1882 et 1951, et qui concernent en partie des victimes blanches, 25,3 % procèdent d'une accusation de viol ou de tentative de viol).

Seconde remarque : la violence raciste, sans que ce puisse être une règle absolue, est souvent précédée ou accompagnée d'une rumeur, qui lui apporte sa justification immédiate. La rumeur est un élément catalytique du pogrome ou du lynchage notamment, elle en soude les participants autour d'un récit mythique qui condense et déplace la tension ou les difficultés concrètes de l'acteur – à qui elle donne une force considérable, surtout lorsqu'elle touche au sacré, au sexe et au sang. La violence antisémite, des centaines de fois dans l'histoire, a été liée à des accusations de crime rituel – de meurtres d'enfants notamment, comme dans l'affaire Beylis, du nom de cet ouvrier juif, dont la mise en cause, en 1911, servit de prélude à une formidable vague de pogromes sous le régime tsariste, ou dans celle du pogrome de Kielce, déjà évoqué, dont le prétexte fut donné par le récit imaginaire de la tentative d'enlèvement d'un enfant par des Juifs[20].

Ces remarques nous conduisent vers une dernière interrogation : la violence raciste n'est-elle pas fondamentalement différente selon qu'elle est liée plutôt à une situation définie en termes sociaux, d'inégalité et de discrimination, plutôt à une situation définie en termes de communauté, d'appel à l'homogène, à la ségrégation, voire à l'élimination du groupe racisé, ou plutôt à une situation où ces deux dimensions sont inextricablement liées ? Notre réponse, ici, sera formulée sous la forme de l'hypothèse suivante.

Là où la violence raciste repose avant tout sur la discrimination – qu'il s'agisse de l'amplifier, de la mettre en place ou de la maintenir –, là où elle est liée à un traitement inégalitaire du groupe racisé, et à des rapports sociaux bien réels, elle demeure inscrite dans des limites qui sont celles de l'existence même de ces rapports : la violence, dans la mesure où elle est associée à l'infériorisation d'un groupe, ne peut viser à le détruire ou le rejeter. Là où, au contraire, elle tend à exclure, à mettre à distance, elle peut prendre l'allure d'un phénomène illimité : terreur massive, élimination physique de la race proscrite, « solution finale », comme ont dit les nazis. Là, enfin, où les deux phénomènes sont indissociables, la violence oscille entre des tendances à une certaine limitation et des tendances inverses à la destruction du groupe racisé, dans lesquelles elle ne saurait pas totalement verser, sauf choix de ceux qui la promeuvent de ruiner les fondements mêmes de leur domination.

En ce sens, l'expérience nazie et celle de l'apartheid sont radicalement distinctes. La première s'est orientée nettement, et rapidement, vers un projet d'extermination des Juifs et des Tziganes. La seconde a voulu constamment associer ségrégation et discrimination, et ce n'est que dans l'échec de ce projet, au moment où l'apartheid se défait, que les eaux se séparent et que l'on risque de voir s'autonomiser, dans des secteurs blancs minoritaires mais radicalisés, une violence purement destructrice, élément éclaté d'un modèle déstructuré.

Conclusion

Les distinctions analytiques que nous avons retenues pour examiner les manifestations concrètes du racisme nous semblent opérantes. Le préjugé n'est pas du même ordre, selon qu'on peut l'associer plutôt à une logique inégalitaire et à des rapports de domination ou selon qu'il construit plutôt une représentation différentialiste de l'Autre destinée à le mettre à l'écart, voire à l'expulser ou à l'exterminer. La violence remplit des fonctions distinctes, traduit des tensions différentes selon qu'elle correspond plutôt à l'une ou l'autre logique ; selon, aussi, qu'elle demeure infrapolitique, qu'elle apparaît au niveau politique ou qu'elle anime l'intervention d'un État – la ligne décisive de démarcation étant entre le premier de ces trois niveaux et les deux autres. La ségrégation est manifestement associée davantage à des processus de différenciation ; la discrimination, à des relations d'inégalité.

Le passage du racisme au niveau politique n'est pas le même, s'il s'agit de mettre en place, d'entériner un rapport de domination, de le transcrire en un ordre, puis de le maintenir, ou de développer des formes d'exclusion raciale – jusqu'à, éventuellement, les pousser dans leurs expressions les plus définitives et les plus meurtrières. Dans un cas, ce qui est recherché, légitimé ou rationalisé par le racisme est un équilibre structurel, correspondant à un principe racial d'organisation de la société ; dans l'autre cas, le racisme est une force de changement, qui met en branle la collectivité racisante. C'est pourquoi, dans le premier cas, le racisme peut pénétrer les institutions et même informer la vie économique et sociale sans que des acteurs collectifs aient à s'en réclamer nécessairement, sans, à la limite, que ses agents les plus décisifs ou ses bénéficiaires les plus immédiats aient à exprimer des préjugés massifs ; alors que, dans le second cas, la politisation du phénomène est indissociable d'une forte mobilisation collective. Dans le racisme à dominante inégalitaire, il n'est pas nécessaire que l'Autre soit visible, que la domination ou l'exploitation le donnent à voir dans son infériorité. Il suffit qu'il tienne sa place, exécute le travail sale ou pénible ; il n'est pas gênant dans sa misère, et son aliénation est acceptée, voire voulue – et l'on comprend bien, ici, qu'un élément important de la contestation des Noirs américains ait été, dans le passé, la dénonciation de l'invisibilité du Noir, ou celle de la caricature symbolisée par l'Oncle Tom. Au contraire, dans le racisme de la différence, l'Autre doit être identifié, reconnu, signalé, avec d'autant plus d'obstination que son particularisme phénotypique est totalement mythique : l'antisémitisme, en Allemagne, s'est développé dans une conjoncture historique où les Juifs s'étaient largement assimilés, participaient activement à la modernité et délaissaient massivement les attributs les plus visibles de leur religion ou de leur culture spécifique.

Les deux logiques fondamentales du racisme : inégalitaire et différentialiste, entrent en relation dans de nombreuses situations historiques. Là où la différence est subordonnée à l'inégalité, là où, concrètement, la ségrégation, par exemple, est au service de la discrimination, là où une société est suffisamment forte pour imposer un principe d'organisation raciale des rapports sociaux, et le transcrire au niveau politique et dans le fonctionnement de l'État, tout en s'appuyant sur certaines formes de mise à l'écart du groupe dominé et racisé, la stabilité est plus grande que dans le cas inverse. Là où, en effet, la logique de la différence est associée un temps à celle de l'inégalité, mais la commande et l'informe, elle peut tendre à s'en délester, à la nier et à s'emballer de façon autonome.

L'unité théorique du racisme, constations-nous au terme de la première partie de cet ouvrage, ne peut être inférée de l'examen de théories partielles, telles qu'elles ont été élaborées par les sciences sociales depuis plus d'un siècle. Elle semble encore plus problématique à l'issue de cette deuxième partie, puisque les formes élémentaires du phénomène non seulement apparaissent comme très diversifiées, mais aussi se prêtent bien à un effort de décomposition analytique. Plus même : on ne passe pas simplement de l'une à l'autre, et il est impossible de proposer des raisonnements robustes assurant leur mise en relation directe. Dans certains cas, le préjugé annonce, prépare ou accompagne la violence ; dans d'autres, cette dernière est exclue : parfois le racisme semble procéder d'une relation directe de domination du groupe racisant sur le groupe racisé, parfois le groupe racisé est une construction très largement mythique. La discrimination institutionnelle autorise une certaine dissociation de l'acteur et du système ; la ségrégation, une fois hissée au niveau politique, beaucoup moins. Etc. Tout se passe comme si l'ensemble des manifestations concrètes du racisme relevaient d'un même système, complexe, mais dont les clés nous échappent encore.

Pourtant, nous savons déjà que l'analyse du racisme implique qu'on se réfère à la *subjectivité* de l'acteur et qu'on contextualise celle-ci dans des *relations* qui ne sauraient être réduites à des relations de races. Nous connaissons l'utilité de distinctions qui séparent le niveau politique du niveau infrapolitique de l'action raciste, et qui suggèrent de ne pas confondre une logique inégalitaire – généralement associée à des *rapports de domination* – avec une logique différentialiste – généralement liée à la *centration d'une communauté* sur elle-même, ou à son expansion, et à la mise à distance de tout ce qui ne lui est pas homogène. En réalité, nous ne sommes pas loin de toucher au but. Il suffit maintenant de déplacer une nouvelle fois la perspective, de considérer, bien plus directement que nous ne l'avons fait jusqu'ici, le racisme comme une action, et d'examiner les conditions qui en rendent possibles l'émergence, l'extension ou l'évolution.

TROISIÈME PARTIE

L'unité du racisme

Introduction

Une distinction essentielle, bien établie par Alain Touraine, demande qu'on organise l'analyse de l'action collective, en général, autour de deux axes fondamentaux[1]. Le premier concerne les rapports qui se jouent à l'intérieur d'une société, qu'il s'agisse de mouvements sociaux, de pression politique ou de revendication organisationnelle ; le second a trait au changement historique et aux conduites qui procèdent des relations entre une communauté et d'autres communautés. L'axe social oriente l'étude de la division d'une société ; l'axe historique ou communautaire, celle de son unité et de son développement.

Le racisme, à bien des égards, semble chevaucher ces deux axes. D'un côté – nous l'avons vu notamment avec la question noire aux États-Unis –, il est indissociable de rapports de domination, il est inscrit dans la structure sociale, dont il traduit une des plus importantes divisions. D'un autre côté, il est au cœur de projets d'exclusion ou de destruction, dont une des principales expressions est donnée chaque fois que l'antisémitisme vise à purifier ou à homogénéiser une collectivité nationale. Mais, s'il est lié à l'action sociale d'un côté, à l'action historique d'un autre côté, il présente des caractéristiques spécifiques qui interdisent de l'assimiler directement à l'une comme à l'autre, il a ses logiques propres, il constitue en lui-même un ensemble de significations autonomes – susceptibles, dans les cas extrêmes, de déboucher sur des projets politiques.

Faut-il dès lors ajouter un troisième axe aux deux axes principaux de l'analyse de l'action, dessiner l'image théorique d'une nouvelle famille de conduites ? Cette idée, en réalité, ne résiste pas longtemps, tout simplement parce que ce qui fait l'originalité ou la spécificité du racisme procède en fait largement d'éléments, plus ou moins dénaturés, empruntés aux deux axes classiques de l'action.

D'un côté, en effet, le racisme, comme dit Albert Memmi, est « un raté de la relation[2] » et, plus précisément, de la relation sociale ; il surgit dans l'affaiblissement, la crise, l'incapacité à construire des rapports proprement sociaux, à en participer et à en faire un principe central d'organisation de la société. Comme nous le verrons, l'espace du racisme est d'autant plus large que se rétrécit celui des conflits sociaux et, surtout, de leur plus haute expression : les mouvements sociaux. De ce point de vue, l'action raciste constitue une négation, et parfois même une inversion de l'action sociale.

D'un autre côté, le racisme semble toujours prêt à jaillir du sein de mouvements communautaires, il est souvent présent, notamment dans les mouvements nationalistes ou religieux, comme s'il constituait non pas une négation mais une virtualité de toute action historique. Son espace, de ce point de vue, s'élargit non pas dans le déclin ou la faiblesse, mais dans les transformations de ce type d'action. Enfin, le racisme comme action peut fort bien jouer sur les deux registres, cumuler ou fusionner des éléments de sens qui procèdent, tout à la fois, de rapports sociaux défaillants et de significations communautaires – c'est même le cas de figure le plus courant dans l'histoire.

Il s'agit donc maintenant de considérer le racisme comme une action qui trouve ses modalités d'expression et son champ propre dans le travail des sociétés sur elles-mêmes, dans les rapports sociaux qui les fondent comme dans les phénomènes de poussée ou de rétraction communautaires qui les traversent[3].

9

Mouvements sociaux et racisme

Plus une société s'organise à partir d'un conflit proprement social – qu'on appelle ce conflit un rapport de classe ou qu'on parle de mouvement social –, plus celui-ci est central – alimentant la vie politique et le fonctionnement de l'État, commandant les principaux débats d'idées et l'engagement des intellectuels –, et plus l'espace du racisme est étroit. A l'inverse, plus les conflits sociaux sont de faible portée, moins ils informent le système politique et l'État et plus l'espace du racisme s'élargit.

Une société peut être plus stratifiée que structurée par un rapport social central ; elle est alors dominée par des phénomènes de mobilité sociale, au terme desquels les acteurs, définis par leur position relative dans le système, se caractérisent par leur accès inégal à la consommation et à la culture, par leur capacité plus ou moins grande à se conformer aux valeurs légitimes qui orientent l'action, par des conduites de chute ou d'ascension. Les principaux groupes ne sont pas alors nécessairement sociaux ; ils peuvent être aussi communautaires, et notamment constituer autant de minorités ethniques. L'intégration générale de la société, si elle est ouverte et démocratique, s'opère alors autour de formules politiques que résume souvent le mot de « pluralisme ». La stratification sociale est parfois si rigide, ne serait-ce que pour certains groupes, qu'on peut être tenté de parler d'un système de castes. A l'inverse, elle peut donner l'image d'une grande fluidité propice aux analyses d'inspiration libérale ou centrées sur les mécanismes de marché – marchés du travail, du logement, de l'éducation, etc. Ces remarques rapides ne dessinent que très partiellement l'ensemble des situations sociales et politiques où se rencontre le racisme, et il faudrait, pour être plus complet, évoquer au moins les sociétés esclavagistes ou coloniales, les situations de frontière, d'autres encore. Mais elles nous permettent de préciser notre point de vue, qui est que plus une société relève d'une division fondamentale – où acteurs dominants et acteurs dominés s'opposent dans un rapport conflictuel mettant en cause ses orientations les plus fondamentales, son historicité, sa capacité de produire des biens matériels, mais aussi sa culture et ses modes de connaissance, la relation qu'elle entretient avec elle-même et avec la nature – et plus les problèmes de la stratification, de la mobilité, de l'intégration des divers groupes communautaires qui la constituent ou des marchés sur lesquels se rencontrent les acteurs sont surdéterminés par ce rapport conflictuel, qui doit commander l'analyse – y compris celle du racisme.

Telle est l'idée, encore très grossièrement formulée, qui va constituer ici notre fil directeur. Elle va être précisée, en termes théoriques, et illustrée par des exemples concrets. Mais indiquons d'emblée la principale limite de cette démarche, qui tient au fait qu'on ne passe jamais automatiquement de l'analyse sociologique à l'analyse historique. Dire qu'il existe un lien entre le principe central d'organisation d'une société et la place qu'y occupe le racisme, c'est proposer une hypothèse générale, qui repose sur une catégorie précise d'analyse, ou un ensemble de catégories intégrées théoriquement. Tester cette hypothèse, ou du moins l'illustrer, c'est l'appliquer à des expériences qui, effectivement, permettent de la valider, mais sans exclure nécessairement, bien au contraire, toutes sortes d'autres hypothèses. Il s'agit donc ici non pas d'expliquer le racisme par une cause unique, à laquelle l'historien aura raison de demander qu'on en ajoute d'autres, mais, très différemment, de montrer qu'un mode d'analyse apporte un éclairage utile à la compréhension de certaines réalités historiques.

Notre démarche ne va pas être comparative, au sens où elle aurait pu considérer un certain nombre de sociétés à la lumière d'une hypothèse principale, tenant à leur principe central d'organisation. Elle va procéder à partir de ce qui constitue l'élément le plus décisif d'un rapport social conflictuel fondamental, et examiner ce qui se produit, du point de vue du racisme, lorsque cet élément est faible ou qu'il se déstructure. Elle va, autrement dit, mettre en relation la plus haute expression théoriquement possible pour un conflit social : l'existence d'un mouvement social – dont une définition précise sera rappelée –, et les modalités de constitution et d'extension de discours et de pratiques racistes.

L'étude des mouvements sociaux n'a jamais fait du racisme une catégorie centrale de l'analyse. Tout au plus peut-on signaler deux types principaux d'efforts, au demeurant très éloignés l'un de l'autre.

D'une part, l'approche historique de certains mouvements sociaux, à commencer par celle du mouvement ouvrier, s'est parfois attachée à décrire la pénétration d'idées ou la présence de comportements plus ou moins racistes au sein même de l'acteur contestataire – qu'il s'agisse de violences plus ou moins massives, mais guère structurées dans le temps, de la marque d'une idéologie raciste nettement exprimée, ou encore d'une pratique soutenue, institutionnalisée par les expressions organisées dont s'est doté l'acteur. C'est ainsi que Pierre Milza a rendu compte de la violence meurtrière, presque émeutière, xénophobe plus que raciste, qui, en 1893 à Aigues-Mortes, dans le Sud de la France, a atteint des travailleurs agricoles ou des manœuvres italiens, accusés de prendre le travail des Français ; que Michel Winock, toujours pour la France, a montré à quel point l'antisémitisme, à la même époque, imprégnait les organisations ouvrières et les a rendues plus souvent antidreyfusardes qu'on ne le croit généralement ; ou encore qu'une abondante littérature retrace la façon dont le syndicalisme américain a longuement nettement exclu ou discriminé les Noirs ainsi, plus brièvement, que les Asiatiques, notamment en Californie, au tournant du siècle dernier là encore[1].

D'autre part, l'étude sociologique, politique ou psychosociologique de certaines conduites collectives dominées ou informées par le racisme a parfois tenté d'y voir des mouvements sociaux. Ainsi, Hadley Cantril, dans sa théorisation psychologique du mouvement social, s'est intéressé au lynchage ou au nazisme, et, très récemment, Birgitta Orfali, citant longuement cet auteur, a voulu montrer comment le Front national, en France, est passé de l'état de minorité active à celui de mouvement social[2]. Mais si l'on veut bien, à la suite d'Alain Touraine, donner un sens précis à la notion de mouvement social[3] ; si l'on veut bien y voir une action conflictuelle, inscrite dans un rapport structurel de domination, portée par un acteur capable de se reconnaître dans une identité sociale et d'en reconnaître une à son adversaire, capable, également, de se situer sur un terrain qui est le même pour l'acteur auquel il s'oppose – et donc d'agir pour le contrôle des mêmes enjeux, des mêmes ressources culturelles –, alors les conduites étudiées par Cantril ou Orfali apparaissent d'une autre nature – ce qui ne veut pas dire, on le verra, que le concept de mouvement social ne nous aide pas à les analyser.

1. Race et classe

De son côté, l'étude du racisme a souvent cherché à mettre en relation ce phénomène avec l'image d'une société divisée par un conflit fondamental, structurée contradictoirement par des rapports de domination et donc animée sinon par des mouvements sociaux, du moins par des luttes de classes.

Il est vrai que la pensée raciale elle-même, et depuis fort longtemps, associe d'une certaine façon classe et race. Boulainvilliers, par exemple, dans son *Essai sur la noblesse* (1732), considère que la noblesse procède de la « race franque » et la roture de la « race gauloise », et l'idée que les classes sociales sont issues de peuples ou de nations se rencontre chez de nombreux historiens du XIXe siècle – par exemple, chez Augustin Thierry ou François Guizot. Plus proche de nous encore, un auteur comme Abraham Léon[4] a développé la thèse, peu convaincante car largement démentie par les faits, selon laquelle les Juifs constituent un « peuple classe ». Mais, s'il s'agit d'associer racisme et rapports de classes, mieux vaut se tourner d'abord vers une tradition récente, marxiste, et qui a été inaugurée par l'ouvrage classique d'Oliver Cox, *Caste, Class and Race*[5], publié en 1948 et à l'époque ignoré ou rejeté par la sociologie académique. Cette tradition s'est surtout déployée dans les années soixante et soixante-dix, principalement aux États-Unis et au Royaume-Uni, où elle témoigne encore d'une grande vitalité.

En rupture avec la pensée dominante dans les années trente et quarante aux États-Unis, Cox, dans son livre fondateur puis dans divers autres textes[6], se refuse à voir dans les *race relations* la marque d'une structure de castes, c'est-à-dire d'un mode de relation interdisant le conflit et qu'il est abusif, selon lui, d'introduire à propos d'autres sociétés qu'indienne. S'appuyant sur la sociologie des castes, et notamment sur le travail de Célestin Bouglé[7], il critique vertement Dollard et Myrdal, qui auraient ignoré le conflit des classes opposant l'oligarchie américaine du Sud et les travailleurs, blancs et noirs, et qui auraient donné un rôle bien trop important aux « petits Blancs » dans l'oppression des Noirs. Il s'en prend également à Warner et à sa description d'une « ligne de caste » qui court de façon asymétrique, traversant en diagonale les rapports de classes pour donner une prédominance aux Blancs dans les couches dominantes et aux Noirs dans les couches les plus basses, mais sans interdire l'existence d'un prolétariat blanc ou d'une bourgeoisie noire[8]. Pour Cox, le racisme est le fruit du capitalisme, et il est propagé par la classe dominante pour justifier et maintenir l'exploitation des travailleurs.

Par la suite, de nombreux auteurs lui ont reproché un marxisme sommaire, et ont ouvert et élargi des débats dans lesquels la référence à des conflits de classes occupait une position plus ou moins centrale. Les uns ont voulu situer le problème dans un contexte planétaire, associant le racisme à la mondialisation de l'économie et à l'expansion généralisée du capitalisme. C'est ainsi qu'Immanuel Wallerstein, s'inscrivant dans une ligne de pensée déjà ouverte par Oliver Cox[9], affirme que la maximisation de l'accumulation du capital et la minimisation du coût qu'elle entraîne (troubles politiques, revendications de la force de travail) trouvent dans le racisme la « formule magique favorisant de tels objectifs » (p. 48). D'autres ont préféré s'engager dans des analyses peut-être moins ambitieuses, souvent adossées à des connaissances empiriques limitées à un seul pays – voire à une seule ville, région, ou même à un seul quartier –, et poser des questions généralement plus précises : les groupes dominés socialement et caractérisés par la race forment-ils une couche inférieure de la classe ouvrière ou un monde à part, qui s'en détache pour constituer une *underclass*, une sous-classe distincte des ouvriers blancs ? Sont-ils une fraction de classe ou une armée de réserve pour le capital ? Le racisme fonctionne-t-il comme une idéologie autonome des rapports de classes, mais autorisant leur reproduction ? N'est-il pas plutôt le produit de ces rapports ? Etc. Ces discussions, auxquelles ont participé des chercheurs aussi importants que John Rex et Robert Miles[10], ne se réduisent pas au seul couple « race et classe », mais elles dessinent un ensemble relativement net de préoccupations, une famille de débats.

La tradition inaugurée par Cox se centre sur le racisme anti-Noirs. Elle n'est pas la seule à avoir ouvert le dossier du rapport entre race et classe, et l'on doit au marxisme – depuis la publication en 1843 de l'essai du jeune Marx sur la question juive jusqu'à la montée du nazisme en Allemagne – une seconde perspective, qui s'est avant tout intéressée à la part prise par telle ou telle classe dans l'antisémitisme et dans sa progression jusqu'à la solution finale. Une abondante historiographie, dont Pierre Ayçoberry a su rendre compte avec finesse et intelligence[11], propose à propos du nazisme toutes sortes de raisonnements concernant le grand capital, la classe ouvrière ou, surtout, les classes moyennes, et s'efforçant parfois même, avec Nicos Poulantzas notamment[12], d'intégrer dans l'analyse l'ensemble de ces groupes sociaux. Par ailleurs, on trouvera chez Enzo Traverso une utile mise au point sur le débat marxiste de la question juive, sa conclusion étant que l'histoire de ce débat est l'« histoire d'une incompréhension[13] ».

Qu'il s'agisse des Noirs ou des Juifs, il existe donc un très vaste corpus d'interprétations mettant en relation deux problèmes : la division sociale en classes et l'existence du racisme. Mais ces approches ne peuvent nous être d'une aide que très limitée par rapport aux questions que nous souhaitons poser. Notre souci n'est pas d'examiner si le capitalisme produit le racisme, directement ou indirectement ; il n'est pas non plus de savoir si la classe ouvrière est un ensemble homogène ou hétérogène de fractions dont certaines, du fait du racisme, seraient rejetées au plus bas de l'*underclass* ; il n'est pas davantage de distribuer les divers groupes sociaux en fonction de leur rapport au racisme, ou de voir comment celui-ci fonctionne éventuellement comme une idéologie autorisant, *via* l'État, la reproduction d'une structure sociale, tout en la distordant le cas échéant. Il est d'étudier les liens entre deux figures de l'action sociale, deux types de conduites : d'un côté celles qui relèvent du mouvement social, au sens précis de la sociologie de l'action, et d'un autre côté celles qui relèvent du racisme.

Cette approche présente plusieurs avantages par rapport à la formulation en termes de « race et classe ». Elle permet d'abord, plutôt que de réduire la classe à la race ou de tenter de les articuler, de s'intéresser aux conditions qui, du côté des mouvements sociaux, favorisent ou non l'expression du racisme – que ce soit au sein de ces mouvements ou, plus largement, dans la société ; elle conduit, autrement dit, à envisager la production du racisme à partir de l'état d'acteurs sociaux. Notre approche permet ensuite de ne pas se perdre dans les impasses auxquelles aboutit constamment la problématique « race et classe », qui, sauf réductionnisme absolu de la race à la classe, est presque toujours amenée à faire intervenir des catégories extérieures à ce couple : la nation, l'ethnie, par exemple – comme le constatent des auteurs aussi différents qu'Étienne Balibar ou Floya Anthias. Balibar, qui note que la question des bases de classes du racisme est « mal posée » et demande qu'on lui substitue « celle des rapports entre le racisme comme supplément au nationalisme et l'irréductibilité du conflit de classes dans la société », et qu'on examine « comment le développement du racisme déplace le conflit de classes » et le transforme[14]. Anthias, qui, après un examen serré du dossier « race et classe », voit dans la nation et l'ethnicité des « principes organisateurs centraux des relations sociales dans l'ère moderne[15] ».

Nous traiterons ensuite, et très largement, des rapports entre nation et race, ou plutôt entre mouvements communautaires (incluant les mouvements nationalistes) et racisme. Mais, pour l'instant, il nous semble possible d'affirmer que notre perspective autorise, bien plus que celle de « race et classe », de distinguer les problèmes et de traiter du lien entre racisme et société sans que la réflexion soit parasitée, détruite ou affaiblie par l'introduction d'éléments analytiquement extérieurs au débat. Ajoutons, pour écarter tout malentendu, qu'il s'agit pour l'instant d'envisager une dimension importante, mais particulière, du racisme, et non de proposer une théorie générale du racisme, qui laisserait de côté, entre autres dimensions, le rôle des acteurs dominants – qu'il n'est évidemment pas question de nier ou de minimiser.

2. La déstructuration des mouvements sociaux

Un mouvement social comporte toujours deux faces. D'un côté, en effet, son action est contre-offensive, elle repose sur sa capacité à élaborer un projet, elle met en avant un principe positif, une compétence, un savoir ou un savoir-faire ; d'un autre côté, l'acteur est avant tout sur la défensive, il parle au nom des plus démunis, de ceux qui sont définis par la privation, l'exclusion, l'exploitation, et qui n'ont aucun principe positif à avancer. L'expérience du mouvement ouvrier est ici paradigmatique[16].

D'une part, certains ouvriers peuvent s'appuyer sur leur qualification pour construire des luttes dans lesquelles la revendication la plus haute met en cause le contrôle de la production industrielle et du progrès par des employeurs perçus comme parasites ou superflus ; d'autre part, les ouvriers non qualifiés agissent contre la pauvreté, les bas salaires, l'incertitude sur le marché du travail, et s'engagent dans des luttes où ils sont bien plus démunis que les ouvriers de métier ou professionnels. Le mouvement ouvrier n'est jamais aussi puissant, aussi intégré, aussi capable de se situer au niveau où sont en jeu les orientations les plus générales de la vie sociale que lorsqu'il parvient à arrimer l'une à l'autre la conscience fière des ouvriers de métier menacés de déqualification et la conscience prolétarienne des manœuvres, des OS et, plus largement, des ouvriers privés de toute qualification[17].

Cette exigence d'intégration s'est toujours heurtée, dans l'histoire du mouvement ouvrier, à de nombreux obstacles, à la capacité du patronat à diviser le monde du travail, aux résistances des plus qualifiés pour s'associer aux purs prolétaires, aux divergences politiques et idéologiques des organisations ouvrières, etc. Et, parmi ces obstacles, le racisme, lorsqu'il est présent, constitue toujours une source majeure de faiblesse et de déstructuration de l'acteur, ou leur expression.

Encore faut-il ici être plus précis et reconnaître, dans la montée du racisme sur fond de décomposition d'un mouvement social, non pas une unique logique à l'œuvre, mais deux.

La première traduit directement la non-structuration de l'acteur, son incapacité à intégrer dans une même lutte des éléments qui se dissocient et s'opposent l'un à l'autre en termes raciaux ; la seconde, plus complexe, exprime une perte de sens qui va s'abolir dans la haine d'un bouc émissaire qui est totalement extérieur à l'acteur, n'appartient guère à son système d'action et n'en est en aucune façon un élément éclaté. L'expérience du syndicalisme américain va nous permettre de mettre en évidence la première de ces deux logiques ; celle de Solidarnosc, en Pologne, la seconde.

1. La formation du syndicalisme américain

Très tôt dans l'histoire du mouvement ouvrier américain, la question a été posée de l'admission, ou non, de travailleurs noirs dans les unions syndicales. Au-delà de considérations morales ou humanistes, au-delà, aussi, de raisonnements mettant l'accent sur l'utilité conjoncturelle, dans certaines situations bien précises, de la non-ségrégation, l'enjeu d'une intégration des ouvriers noirs a souvent été décrit en termes de construction d'un mouvement social.

Écoutons par exemple Robert Baker, s'exprimant en 1902 devant la Central Labor Union of Brooklyn : « Plus le monde du travail organisé se fera le champion de tous les travailleurs, organisés comme inorganisés, Noirs aussi bien que Blancs, et plus grandes seront les victoires ; plus durables, permanents, profitables et de haut niveau de projet seront ses succès. S'il veut étendre et approfondir son influence [...] il lui faut constamment et vigoureusement attaquer le privilège sous toutes ses formes, prendre la cause de l'humanité, sa propre cause, sans considération de race, de couleur, ou de sexe[18]. »

Pourtant, si cet enjeu a pu être présenté et souhaité dès les origines du syndicalisme américain, dans la pratique celui-ci s'est longtemps construit sur des bases très différentes.

Jusqu'en 1935, en effet, l'organisation des travailleurs américains a été dominée par la ségrégation bien plus que par l'intégration. Le syndicalisme blanc des *craftunions* – des syndicats de métier, rassemblés dans l'AFL (American Federation of Labor) – a vaguement mis en avant, à l'époque de sa fondation en 1881, des principes antidiscriminatoires, l'appel à la morale et à la raison – ne vaut-il pas mieux avoir les Noirs avec soi que contre soi en cas de grève ? Mais, bien vite, le refus d'une *color line* s'est émoussé, les propos humanistes du principal dirigeant de l'AFL, Samuel Gompers, ont laissé la place à une politique de plus en plus raciste – y compris chez Gompers, dont l'argumentation, suivant une ligne de pente continue, a de plus en plus insisté sur la responsabilité des Noirs dans l'attitude des syndicats.

Si ceux-ci, en effet, ne syndiquent guère les Noirs, n'est-ce pas parce que ces derniers sont des traîtres à la classe ouvrière, qu'ils brisent les grèves, qu'ils acceptent des salaires de misère, qu'ils ne sont pas préparés à participer à la société urbaine, et encore moins à l'action syndicale ;

n'est-ce pas, en définitive, qu'ils s'excluent d'eux-mêmes? Raisonnement pervers, dont Robert Merton, dans son analyse célèbre du mécanisme de la prophétie autocréatrice, a montré qu'il renversait l'ordre des faits et créait ce qu'il dénonçait: c'est en fait parce qu'ils sont rejetés hors des grands syndicats – et ce, massivement, jusqu'en 1935 – que les Noirs américains, sans autre choix pour survivre, deviennent des briseurs de grève ou abaissent le prix de la force de travail[19]. En réalité, pendant plus d'un demi-siècle, le syndicalisme américain s'est refusé à se lier aux masses prolétaires, non qualifiées et noires, et les quelques tentatives pour aller à l'encontre de cette orientation ont toujours très vite échoué.

Les Knights of Labor, nés en 1869 avec l'idée d'unifier Blancs et Noirs (mais qui à l'occasion refuseront de prendre en charge des Chinois), connaissent une ascension fulgurante (20 151 membres en 1879, près d'un million à leur apogée, en 1886), mais aussi un déclin non moins rapide, que n'explique pas la seule violence de la répression. En 1893, ils ne sont plus que 200 000 et les divergences sont grandes entre Blancs, plutôt qualifiés, et Noirs, non qualifiés – qui quittent l'organisation massivement, en même temps que ses dirigeants en appellent au gouvernement fédéral pour qu'il trouve les fonds nécessaires à la déportation des Noirs en Afrique; en 1895, ils ne sont plus que 20 000, et l'expérience est historiquement liquidée.

Fondés en 1905, les IWW (Industrial Workers of the World) vont tenter un effort beaucoup plus impressionnant. Ils promeuvent un syndicalisme d'industrie – ce qui permet d'associer dans les mêmes syndicats aussi bien le travailleur professionnel que les OS et les manœuvres, et de défendre les ouvriers sans considération de qualification, de couleur, de sexe ou d'origine nationale. Leur ascension spectaculaire, malgré un refus intransigeant de toute discrimination, n'aboutit qu'à un recrutement modeste parmi les ouvriers noirs, et ils s'effondrent au sortir de la Première Guerre mondiale, victimes d'une très forte répression (arrestations et lourdes condamnations de dirigeants et activistes pour activités « séditieuses » en temps de guerre), victimes, encore plus, de leurs dissensions idéologiques à propos de l'attitude à adopter face à la toute jeune Union soviétique et aux demandes de l'Internationale communiste.

Si, avant 1935, aucune tentative importante pour construire un syndicalisme ouvert à tous n'est parvenue à se maintenir aux États-Unis, les efforts des Noirs pour créer leurs propres syndicats n'aboutissent pas davantage à des réalisations significatives – en dehors, principalement, de la Brotherhood of Sleeping Car Porters, lancée en 1925 par un militant socialiste, A. Philip Randolph, qui obtient même de l'AFL, en 1929, qu'elle accueille ce syndicat dirigé par des Noirs. Il faut donc en réalité attendre 1935, la législation du Wagner Act, très favorable au syndicalisme, et la constitution du CIO (Congress of Industrial Organizations) pour qu'enfin le mouvement ouvrier s'oriente nettement vers l'organisation de tous les travailleurs, sans discrimination, et s'ouvre de manière stable aux ouvriers noirs – qui sont aujourd'hui surreprésentés dans le mouvement syndical[20].

Jusque-là, le syndicalisme américain a donc été dominé par des ouvriers blancs, le plus souvent qualifiés, et tout au moins capables de peser sur les rémunérations et sur le marché du travail, mais tenant à l'écart une part importante du monde ouvrier, se livrant à une ségrégation massive, et parfois même contribuant au déchaînement de violences raciales – comme ce fut le cas, notamment, à East Saint Louis (Illinois) en juillet 1917, où l'AFL, dans une situation tendue, fit circuler des rumeurs sur la venue imminente de 15 000 Noirs appelés par le patronat local et alimenta (et peut-être même organisa) l'émeute qui fit une quarantaine de morts parmi la population noire. Rejeté du syndicalisme dominant, impuissant à se doter de ses propres structures ou pris en charge par des syndicats fragiles vite décomposés, et même susceptibles de dégager, dans leur déstructuration, un racisme négateur de leur projet initial – on l'a vu avec les Knights of Labor –, le prolétariat noir s'est trouvé exclu de l'action, et même victime d'elle.

Le racisme n'est pas seul en cause dans les difficultés du mouvement ouvrier américain à se construire pleinement ; comme dans bien d'autres expériences, son histoire ne pouvait être que celle d'une difficile intégration du haut et du bas, des travailleurs qualifiés et des prolétaires, de la conscience fière des ouvriers de métier et de la conscience prolétarienne des manœuvres ou assimilables. Mais le racisme, ici, a constitué un puissant facteur de désagrégation et retardé considérablement l'intégration des deux faces de la conscience ouvrière. Symétriquement, le renforcement du mouvement ouvrier américain, après la Grande Dépression, n'explique pas à lui seul le déclin du racisme, qui doit aussi beaucoup à d'importants changements, notamment au niveau de l'État. Mais la relation directe entre les limites du mouvement social et le racisme, dans l'expérience américaine, est indéniable.

2. Le déclin de Solidarnosc

Dans la phase de formation d'un mouvement social, on vient de le voir, le racisme est un frein à la construction d'une action capable de parler au nom de tous les travailleurs et d'en appeler à une société plus humaine et plus juste. Symétriquement, la crise ou le déclin d'un mouvement social ouvre l'espace, éventuellement, à la montée de discours ou de conduites racistes. L'expérience de Solidarnosc apporte une illustration concrète de ce phénomène[21]. Elle est également exemplaire des processus où le racisme se fixe non pas sur un élément qui pourrait être constitutif d'un mouvement social, mais sur un bouc émissaire qui lui est presque intégralement extérieur, et est de surcroît absent, ou presque, de la scène politique et sociale générale.

A sa naissance en août 1980, Solidarnosc apparaît comme le fruit du formidable rapprochement historique de trois luttes distinctes. C'est un mouvement social total – expression, tout à la fois, d'une action ouvrière, syndicaliste, d'une affirmation nationale et d'un combat politique pour l'obtention de droits et de libertés démocratiques[22]. Au moment où elles se rencontrent, ces trois composantes ne laissent aucune place à un quelconque antisémitisme. Certes, il n'existe plus que quelques milliers de Juifs en Pologne, pays qui en comptait quelque trois millions avant-guerre ; mais cette remarque ne suffit pas, car un antisémitisme sans Juifs s'est souvent exprimé avant 1980 et, on le verra, trouvera à nouveau à se manifester par la suite.

En fait, tout milite, en 1980, pour rendre invraisemblable la moindre tentation antisémite au sein du nouveau syndicat. Les ouvriers polonais ont longtemps été massifiés, sans capacité d'action, et ont le plus souvent baigné dans une culture populaire hostile aux Juifs, peuple « déïcide » à qui beaucoup reprochaient d'avoir contribué à la mise en place du communisme, puis à sa gestion. Mais leur adversaire n'est pas un Juif mythique, en fait pratiquement expulsé de tous les lieux de pouvoir depuis les « purges » qui culminèrent en 1968 ; c'est, clairement identifié, le parti au pouvoir.

Le projet démocratique du mouvement, qui doit beaucoup à l'engagement des intellectuels dans la lutte, est lui aussi totalement étranger à toute haine raciale. Enfin, la composante nationale de l'action, indissociable d'un catholicisme puissant et très prégnant, semble bien éloignée de l'antisémitisme qui a généralement accompagné en Pologne aussi bien le discours de la foi que celui de la nation. L'Église polonaise, depuis Vatican II et, plus encore, l'élection du cardinal Wojtyla comme pape, s'est détournée de l'antijudaïsme et a marqué, depuis une vingtaine d'années, une distance croissante vis-à-vis de toute thématique antisémite. En fait, si celle-ci est présente dans la Pologne de 1980, c'est essentiellement dans certains secteurs du pouvoir, ou proches de lui, dans quelques cercles catholiques très marginaux et sans aucune emprise sur le mouvement social naissant.

Pourtant, au bout d'un an, il n'est plus possible de maintenir cette image. Les premiers signes d'un changement de climat sont perceptibles au congrès de Solidarnosc, en septembre 1981 ; ils se précisent dans les mois qui suivent, en particulier avec l'affaire Jurczyk – du nom d'un important dirigeant du mouvement, figure historique des luttes ouvrières de 1970 à Szczecin, qui tient en novembre des propos publics où il demande qu'on pende les dirigeants communistes et les Juifs qui gouvernent le pays.

Au-delà de cet épisode, c'est en réalité un début de déstructuration du mouvement qui s'esquisse alors, et qui se précisera dans la période de clandestinité et, plus encore, dans la nouvelle ère polonaise, en 1989, quand le syndicat sera relégalisé et que la Pologne pourra affirmer son indépendance politique. Dès l'automne 1981 en effet, s'opère une dissociation, commandée par la crise économique et le blocage politique, et dans laquelle s'expriment des tendances à la rupture portées par la face la plus défensive de l'acteur. Le syndicalisme négociateur de Lech Walesa est mis en accusation par ceux, de plus en plus nombreux, qui sont excédés par la pénurie alimentaire ou l'impossibilité croissante d'assurer la production dans les usines ; le nationalisme se durcit, il en appelle de plus en plus à la communauté, à l'être polonais, à l'homogène, en même temps parfois qu'à un retour à l'ordre et à un pouvoir musclé. Ouvriérisme de rupture et nationalisme se conjuguent pour former un populisme sombre, lourd d'une critique de plus en plus hostile vis-à-vis des intellectuels et des dirigeants politiques du mouvement les plus associés à sa thématique démocratique ; et dans cette déstructuration, qui traduit déjà un réel affaiblissement de l'acteur, l'espace s'ouvre pour un antisémitisme diffus, propre aussi bien à une base exaspérée et radicalisée – face d'ombre du mouvement – qu'à des idéologues hypernationalistes – « vrais Polonais » dont l'importance ne cessera de s'accroître au fil des années quatre-vingt, populistes retrouvant le chemin d'un catholicisme conservateur symbolisé par le prélat de Pologne : Mgr Glemp, qui défraiera la chronique internationale par ses déclarations antisémites à propos du carmel d'Auschwitz, en 1989.

Dix ans après la formation d'un mouvement social total, les eaux se sont bien séparées en Pologne et la question juive hante à nouveau le pays, entré dans l'ère de l'après-Solidarnosc. L'antisémitisme y désigne, plus que jamais, un ennemi mythique : les quelques Juifs qui exercent une quelconque responsabilité dans la vie politique, intellectuelle ou syndicale, et qui ne sont qu'une poignée, mais souvent visée ; et les Juifs cosmopolites, présents dans tout le monde occidental et qui y détiendraient les leviers de commande, l'argent, le pouvoir politique, les médias. La montée vers Solidarnosc s'était traduite par la mise à distance de toute tentation antisémite ; son déclin, aussi relatif qu'il soit, produit l'inverse : la poussée diffuse, mais que tous les observateurs perçoivent aisément, d'un antisémitisme qui occupe l'espace laissé vacant par le mouvement social.

Les expériences qui viennent d'être évoquées sont exemplaires à deux titres distincts. Toutes deux illustrent d'abord notre hypothèse d'un lien entre mouvements sociaux et racisme. Le racisme anti-Noirs des ouvriers blancs américains se joue en amont, dans la phase de formation du mouvement social ; l'antisémitisme se déploie en aval, dans la phase d'affaiblissement de Solidarnosc. Mais, dans les deux cas, c'est bien du même phénomène qu'il s'agit. Ces deux expériences historiques indiquent aussi que la déstructuration d'un mouvement social peut être associée à deux types de racisme qui diffèrent fondamentalement. Dans l'une, en effet, le groupe victime est partie prenante de l'action, ou pourrait l'être, et y aspire ; dans l'autre, la haine qui s'exprime vise un groupe pour l'essentiel étranger à l'acteur, et même sans grande existence concrète sur la scène intérieure concernée. Enfin, dans la première expérience, une logique d'infériorisation domine, mais associée à une logique de différenciation et d'exclusion ; tandis que, dans la seconde, seule est présente une logique de type différentialiste.

10

Deux figures du racisme

Le racisme, dans la mesure où il procède de la faiblesse ou de la décomposition d'un mouvement social, n'en est pas seulement une conséquence, qui serait totalement dissociée de lui dans son contenu. Les significations qu'il exprime gardent un lien avec le sens qui se perd, elles ne sont pas entièrement étrangères aux rapports dont le mouvement social constitue un des pôles. Mais elles dénaturent ce lien, elles inventent de nouveaux rapports, mythiques, elles distordent ou renversent le sens qui sert de référence au mouvement social : les syndicalistes blancs américains, dans leur opposition aux Noirs, parlent de trahison à l'égard de la classe ouvrière ; l'antisémitisme qui sourd dans Solidarnosc dénonce l'emprise ou la domination des Juifs, cause des malheurs et des échecs du mouvement, ennemis de la cause. La thématique du racisme, ici, s'écarte de celle du mouvement social, mais elle la défigure bien plus qu'elle ne l'oublie. C'est pourquoi elle peut être conçue comme sa négation, et renvoie dès lors à la notion d'antimouvement social.

1. La notion d'antimouvement social

Un antimouvement social n'est pas exactement la figure inversée d'un mouvement social. Il en comporte les mêmes éléments essentiels, mais considérablement malmenés et transformés, et il est dans l'impossibilité de les intégrer dans l'action – ce qui se traduit soit par une dissociation de ces éléments, soit par leur totalisation fusionnelle.

La notion, que nous empruntons à Alain Touraine[1], est une construction analytique qui rend donc compte d'une part des trois principes constitutifs de l'acteur, et d'autre part des modalités de leur association. Dans l'antimouvement social :

– l'identité sociale de l'acteur est remplacée par la référence à un être, à une essence, à une nature, l'identification à une catégorie culturelle, morale ou religieuse – les forces du bien, la justice –, ou encore à une figure sociale mythique – la classe ouvrière, par exemple, alors que celle-ci n'existe pas ou ne se reconnaît en aucune façon dans le discours de l'acteur. Dans le cas du racisme, l'acteur n'agit pas au nom des travailleurs, des parents d'élèves, ou de telle ou telle autre catégorie sociale ; il devient l'expression d'une race – qui elle-même exclut de l'humanité les autres races ou les considère inférieures ;

– l'image d'un adversaire social, qui constitue le principe d'opposition dans un mouvement social, se dissout pour laisser la place à une double représentation. L'acteur, en effet, peut ici s'opposer soit à un ennemi, contre qui il s'agit de mener une guerre implacable, soit à un système abstrait, relativement indéterminé, plus ou moins mythique. L'Autre n'est plus un acteur réel ; il est soit naturalisé, et objectivé, soit identifié à un principe métasocial – le mal, le diable, la décadence, par exemple. Il devient extrêmement lointain, insaisissable, en dehors du fait qu'il est supposé ourdir des complots, manipuler secrètement le pouvoir, miner l'acteur par des procédés maléfiques et mystérieux, ou, à l'inverse, il apparaît très proche, très concret, mais alors réduit à une catégorie non ou infra-humaine – ce qui autorise à le tenir à l'écart, à l'identifier à l'animalité, ou à passer à la violence meurtrière. C'est ainsi que le racisme débouche sur l'idée que l'Autre constitue une menace, qu'il est malfaisant, et qu'il faut engager avec lui un combat sans merci ;

– enfin, avec l'antimouvement social, il n'y a plus de conflit autour d'un enjeu commun à l'adversaire et à l'acteur, il n'y a même plus la même conception de l'historicité, le recours au même langage que l'adversaire pour mener le combat avec lui, la conscience d'agir pour contrôler ou piloter un même ensemble de ressources. Il n'y a plus, par exemple, l'idée, partagée par le mouvement ouvrier et le patronat, que le progrès et l'industrie vont de pair et qu'il s'agit de les diriger, chacun agissant à cette fin. L'acteur s'enferme sur son terrain propre, considère qu'il n'y a pas d'historicité positive en dehors de la sienne ; il se définit par la rupture, la distanciation et la fermeture sur lui-même, et non par l'appartenance à un même champ que ceux auxquels il s'oppose. Il devient sectaire ou guerrier ; il nie, en ce qui le concerne, l'idée d'un conflit structurel, d'un rapport social ; il constitue une force de changement historique ou se ferme à toute communication avec l'extérieur ; ses projets visent non pas la société dans laquelle il vit, mais la constitution d'une unité homogène, purifiée. Le racisme, de ce point de vue, en appelle, sous des formes plus ou moins poussées, à la mise à l'écart ou à l'élimination de ceux qui ne relèvent pas d'une historicité définie à partir des propriétés de la race – elles-mêmes perçues comme indissociables d'une culture et d'une histoire.

Le propre d'un antimouvement social est d'être incapable d'articuler ou d'intégrer dans une même action les trois principes qui viennent d'être présentés ; de ne pas savoir parler au nom d'une catégorie sociale particulière et d'une conception générale et libératrice de la société ; de cesser de reconnaître des enjeux communs à un adversaire et à lui-même ; et même, tout simplement, de ne pas accepter des tensions et des débats internes. Comme nous allons le voir à propos du racisme, soit il se rétracte en figures partielles et perverties du mouvement social, soit il se constitue en entité totalisante, qui construit un système d'action imaginaire – substitut irréel et éventuellement meurtrier à des rapports sociaux perdus, refusés ou impossibles.

2. Racisme partiel, racisme total

Entre la décomposition achevée d'un mouvement social, ou même sa crise profonde, et son apogée, il existe des situations intermédiaires, propices à un racisme qui en constitue la face sombre et correspond, plus précisément, à un antimouvement partiel.

Ce cas de figure implique la coexistence de deux logiques qui traduisent l'éclatement du système d'action. D'un côté, en effet, l'acteur demeure engagé dans des rapports sociaux, dans un conflit qui l'oppose à un adversaire clairement identifié, et, d'un autre côté, il se mobilise dans des pratiques et des discours racistes qui évoquent plus une situation de concurrence que de conflit. Cette coexistence de deux logiques peut durer aussi longtemps qu'il subsiste une certaine capacité d'action du côté du mouvement social, sans que celui-ci parvienne pour autant à un haut niveau de projet et d'intégration, et elle a pour effet de voir les deux logiques se limiter mutuellement. Elle est d'autant mieux perceptible qu'on considère le principe d'identité de l'acteur.

Si ce dernier est incapable, ou impuissant à agir au nom de tous ceux qui subissent des formes comparables ou complémentaires de domination, s'il se résout à ne défendre et promouvoir que des intérêts particuliers, c'est qu'il reconnaît ou introduit aussi un clivage au sein même de la population qu'il entend représenter. Il continue, certes, à porter des demandes et des revendications sociales, mais sa lutte s'arrête, sur des critères non sociaux, à partir du moment où elle pourrait concerner la fraction, racisée, de son groupe d'appartenance. Il distingue alors racialement ceux que leur position dans des rapports de domination ne permet guère de distinguer de lui socialement, ou en tout cas devrait ou pourrait rapprocher dans une même lutte ; et non seulement il les ignore, mais surtout il les rejette et les combat.

L'identité de l'acteur, ici, se fragmente et se transforme. Elle éclate d'un côté en sous-identités qui recouvrent autant d'intérêts particuliers, encore sociaux mais sans portée générale ou universelle, et d'un autre côté en une définition qui, elle, ne peut plus être sociale, et devient raciale, et raciste. C'est ainsi, notamment, que dans le mouvement ouvrier le racisme peut être à la conjonction de demandes catégorielles, ou corporatistes, et d'un effort pour exclure certains groupes racisés – les Noirs, par exemple – du système où ces demandes peuvent être formulées.

Plus largement, nous dirons de l'antimouvement partiel qu'il apparaît dans un processus de dédoublement, où l'acteur d'un côté maintient, affaiblies, l'image d'une identité et d'un adversaire social et la conscience d'être engagé dans un rapport de domination, et d'un autre côté se livre, au nom de la race, à des pratiques de concurrence sur des *marchés* – du travail, du logement, notamment – où stratégies individuelles et pressions collectives, éventuellement violentes et susceptibles d'être transcrites au niveau politique, tiennent lieu d'action. Le racisme, ici, tout en combinant ces deux caractéristiques, est plus inégalitaire que différentialiste, surtout si ses promoteurs peuvent maintenir une supériorité sociale, économique ou organisationnelle – disposer, par exemple, du monopole du travail qualifié, en laissant au groupe racisé le travail monotone, sale ou pénible. Il n'implique pas nécessairement de référence intermédiaire à une communauté – de nation ou de religion, par exemple, que l'Autre peut fort bien partager. Il témoigne d'une déstructuration partielle de l'acteur, d'un dédoublement qui autorise bien des oscillations conjoncturelles, plutôt du côté du mouvement ou plutôt de celui de l'antimouvement, plutôt du côté du conflit social ou plutôt de celui de la haine et du refus raciaux.

Mais lorsque le mouvement social connaît un déclin inéluctable, ou lorsque sa crise est suffisamment décisive pour qu'il perde tout sens aux yeux de certains de ses protagonistes, ce phénomène de dédoublement laisse la place au vide social. L'acteur, ici, est comme délesté de tout ancrage dans un rapport social ; ses conduites ne trouvent pas, ou plus, les repères qui pouvaient jusque-là orienter l'action. Il n'est plus, comme dans le cas de figure précédent, installé à mi-chemin, écartelé entre deux systèmes d'action, partie prenante tout à la fois d'un conflit social et d'un marché ; il n'est plus inscrit dans un champ social conflictuel, ou celui-ci ne fait plus sens pour lui. Et, parmi les divers scénarios possibles – apathie, individualisme de consommation, par exemple –, s'ouvre celui de la formation d'un racisme qui reconstruit, sur un mode imaginaire, un système d'action fictif qui vient se substituer au système social défaillant. Cette construction impressionnante passe d'abord par la redéfinition de l'adversaire, qui devient un ennemi identifié au mal ; elle engage l'acteur non plus vers un conflit, mais vers des discours de mise à l'écart, de rupture, voire de violence, et s'appuie sur une reformulation de son identité qui ne peut plus être éclatée ou dédoublée – comme dans le cas précédent –, mais qui, débarrassée de toute référence sociale, prend un tour nettement communautaire avant même, ou en même temps, que racial. Le racisme, ici, est illimité. Il n'inscrit pas l'acteur sur un marché, ou dans des relations de concurrence avec ceux qui partagent sa condition sociale, ou qui en sont proches ; il s'extrait de ce type de réalité pour fonder un espace nouveau, dominé par la poursuite haineuse d'un bouc émissaire. Il est différentialiste, bien plus qu'inégalitaire. En ce sens, aussi, il est total, au même titre que l'antimouvement dont il procède, alors qu'il n'est que partiel dans le cas de figure précédent.

3. Racisme, mouvements sociaux et structure sociale

Il ne faudrait pas déduire des lignes qui précédent l'idée que la source unique de l'expansion du racisme réside dans la déstructuration des mouvements sociaux. Ce phénomène, sans être exceptionnel, ne commande pas directement – loin de là – les principales manifestations du racisme, et ce ne sont pas les figures malheureuses ou impuissantes d'un mouvement, devenu antimouvement social, qui constituent les gros bataillons de l'action ou de la pensée racistes. Pourtant, nous devons continuer à explorer l'idée d'un lien entre mouvements sociaux, antimouvements et racisme.

Un mouvement social, lorsqu'il est puissant et de haut niveau de projet – comme a pu l'être le mouvement ouvrier dans les sociétés occidentales jusque dans les années soixante –, n'exerce pas seulement une forte capacité de mobilisation sur ceux qui se reconnaissent d'emblée en lui, parce qu'ils vivent intensément la domination contre laquelle il se dresse. Au-delà de ses protagonistes les plus immédiats, il structure une multiplicité de conduites qui s'organisent bien au-delà de son strict champ d'action, et auxquelles il confère un sens. Ainsi, le mouvement ouvrier, partout où il fut une réalité centrale, a constitué la référence de toutes sortes d'acteurs mobilisés dans les quartiers, les universités, dans des mouvements culturels ou sportifs, au nom des femmes, des consommateurs, des usagers, au nom aussi de projets politiques réformateurs ou révolutionnaires et souvent même de grands principes – la justice, la démocratie –, sans que ces acteurs – et la liste n'est pas exhaustive – aient eu à se reconnaître nécessairement dans une identité sociale ouvrière. Et lorsqu'une figure aussi centrale décline, que la référence qu'elle constituait devient de plus en plus artificielle ou idéologique, les acteurs à qui elle a offert un lieu de sens se retrouvent orphelins, s'affaiblissent, perdent leur capacité à insérer leur pratique spécifique dans un combat plus général, perdent aussi un opérateur politique qui leur apportait la possibilité de se vivre comme partie prenante du rapport structurant toute la vie sociale.

En cela, la faiblesse, la décomposition ou l'absence de mouvements sociaux exercent des effets considérables, bien qu'indirects, sur le racisme, surtout en milieu populaire.

1. Racisme et exclusion sociale

Une première illustration de ce phénomène concerne le monde des exclus, et nous est donnée par l'expérience, déjà évoquée dans le chapitre 7, de l'*underclass* que forment les Noirs des « hyperghettos » américains. Ceux-ci ne sont pas en mesure de mobiliser les ressources nécessaires à une action collective ; et même une action du type Black Power, lourde à la fois d'exemplarité et de violence, leur semble interdite.

Lorsqu'ils sont montés du Sud, attirés par le monde de la ville et de l'industrie, surtout à partir de 1910 ou 1915, les Noirs américains, même rejetés par le syndicalisme blanc, pouvaient se considérer comme un prolétariat, partie prenante de la classe ouvrière. Ils pouvaient exercer une pression sociale, se faire entendre de certains syndicalistes, en appeler à un mouvement ouvrier, demander qu'on ne dissocie pas leur sort de celui des autres travailleurs. Même misérables, ils n'étaient pas marginalisés, ils pouvaient donner un sens social à leurs demandes. Aujourd'hui, ceux qui vivent dans l'hyperghetto appartiennent à un univers qui s'est disjoint du reste de la société – y compris, comme l'indique Wilson[2], de la petite bourgeoisie noire ; ils peuvent à la limite s'entre-tuer, s'autodétruire par la drogue et une délinquance largement circonscrite à leur propre espace, sombrer dans la misère ; ils ne disposent plus guère des relais, symboliques mais aussi politiques et organisés – aussi insuffisants qu'ils aient été –, que leur apportait le mouvement ouvrier, ou même simplement l'aspiration à y participer. La décomposition de ce mouvement, dont l'apogée se situe certainement entre les années trente et les années cinquante ou soixante, rend la combinaison du racisme et de l'exclusion socio-économique plus aiguë que jamais ; elle permet aux couches populaires blanches de mieux se tirer d'affaire dans la formidable dualisation qui les sépare, désormais, des masses noires misérables, tenues à l'écart, livrées à elles-mêmes et, au mieux, à l'aide sociale, et pour qui, paradoxalement, le problème du racisme est devenu secondaire, tant priment l'exclusion sociale et les difficultés économiques. Disons-le autrement : aussi longtemps qu'a existé un mouvement ouvrier, les conditions d'expansion du racisme anti-Noirs étaient limitées par le projet d'une action collective rassemblant tous les travailleurs, sans distinction de race. A partir du moment où celui-ci s'est décomposé, des millions de Noirs – et pas seulement eux – se sont trouvés définis par la misère, le sous- et le non-emploi, l'enfermement dans les immenses espaces de l'hyperghetto, totalement ségrégués et exclus, sans participation aux débats et aux conflits sociaux du pays, victimes d'une mutation industrielle et urbaine où s'est opéré un tri indéniablement raciste. Le mouvement social a pu, durant quelques dizaines d'années, alimenter l'espoir – mais aussi une certaine réalité – d'une intégration socio-économique plus forte que le racisme ; avec son déclin historique, le projet d'intégration sociale s'efface, pour beaucoup, devant une ségrégation totale, raciale et sociale.

2. *Les dérives des couches moyennes*

Une seconde illustration du phénomène qui nous intéresse concerne les couches moyennes au sens large ; un cas de figure particulièrement significatif, ici, est celui de l'expérience française contemporaine.

Comme partout dans le monde occidental, les couches moyennes, en France, constituent un immense ensemble, très hétérogène, et dont l'intervention politique et culturelle est d'une importance considérable. Jusque dans les années soixante-dix, lorsque la vie politique et sociale s'organisait autour du conflit central opposant le mouvement ouvrier aux maîtres du travail, les couches moyennes étaient comme polarisées, conduites à se situer par rapport aux deux adversaires sociaux qui structuraient la société par leur lutte ; une abondante littérature, généralement d'inspiration marxiste, s'est alors efforcée de rendre compte de ce phénomène de polarisation[3]. Rien n'autorise à dire que les classes moyennes étaient alors, fondamentalement, plus ou moins racistes qu'aujourd'hui. Mais les débats qu'elles contribuaient à construire étaient commandés par l'image d'une division sociale, et leurs engagements largement déterminés par elle. Politiquement et culturellement actives, elles participaient à l'action publique dont parle Albert Hirschman[4], et leur obsession n'était assurément pas la présence d'une immigration, pourtant déjà massive mais qui se définissait alors en termes de travail et non de peuplement.

La crise de la société industrielle et surtout le déclin du mouvement ouvrier les ont, elles aussi, démobilisées, au point que beaucoup, les yeux rivés sur ce vaste ensemble de catégories sociales – mais seulement sur lui –, ont cru pouvoir parler de vide social, de narcissisme et d'individualisme généralisé. En quelques années, en effet, les couches moyennes ont semblé se désintéresser définitivement de tout engagement collectif de portée générale et basculer dans la seule recherche du bonheur privé. La décomposition du conflit qui structurait la société les a comme propulsées dans un nouvel univers, où leur problème ne pouvait plus être de se situer par rapport à ce principe général d'organisation, mais sur l'échelle de la stratification sociale. Aussi éloignées du pouvoir que du monde des exclus, elles semblent appartenir à une société pour l'instant plutôt définie par la participation à la consommation, par la mobilité, par les chances de montée et le risque de chute. Le passage d'une société de classe à une société de stratification et d'exclusion, la retombée, aussi, des nouveaux mouvements sociaux – auxquels elles ont largement participé dans les années soixante-dix – se sont traduits, en ce qui les concerne, par toutes sortes d'effets, tous plus ou moins liés à leur position relative sur l'échelle sociale. Et, parmi ces effets, celui qui nous intéresse le plus est l'ouverture d'un espace élargi pour des attitudes et des conduites qui tendent au racisme, ou qui s'en rapprochent. D'une part, les couches moyennes, et même les couches populaires les moins démunies, ont voulu se démarquer non pas tant de la pauvreté ou du monde ouvrier que de l'immigration, elle-même de plus en plus perçue comme une menace ethnique et religieuse. Elles ont déserté certains quartiers et peuplé des banlieues homogènes, elles ont eu recours à l'école privée ou à des dérogations souvent appuyées sur des passe-droits pour sortir leurs enfants d'établissements à forte densité d'immigrés, esquissant une ségrégation sociale et ethnique elle-même empreinte d'un certain racisme. Et d'autre part, dans la crise politique ouverte par le déclin de la société industrielle et des forces politiques qui la représentaient, elles ont contribué, indirectement, à la montée d'un populisme, incarné avant tout par le Front national – parti dans lequel le racisme, y compris l'antisémitisme, trouve sa place.

Ce populisme n'est pas nécessairement porté par ceux qui ont pu développer des stratégies individuelles aboutissant à une ségrégation de fait ; il est, bien plus nettement, l'expression de ceux qui n'ont pas les ressources autorisant de telles stratégies – qui voient par exemple leur quartier se détériorer, ou qui aboutissent dans un environnement urbain dégradé ; il traduit l'impossibilité à enrayer la perte des repères qu'apportait la société industrielle classique autrement qu'en en reconstituant de nouveaux sur une base xénophobe et racisante[5].

Là aussi, il n'y a donc pas une seule logique à l'œuvre, mais deux. La première, ségrégative, tient à l'écart une population racisée, évite la cohabitation, marque une distance avec ceux qui signifient la chute sociale en même temps que d'autres races. La seconde constitue le groupe racisé, et en premier lieu les populations d'origine maghrébine, en menace et en bouc émissaire. Ces deux logiques interfèrent constamment et sont difficiles à démêler concrètement. Mais elles sont distinctes, et ce en quoi elles diffèrent est du même ordre que ce qui sépare racisme partiel et racisme total.

4. Les deux modes de production sociale du racisme

Ainsi les notions de mouvement et d'antimouvement social permettent-elles d'éclairer l'expansion éventuelle du racisme bien au-delà des acteurs les plus directement concernés. Elles permettent aussi de dégager nettement deux modes de production sociale du racisme, fondamentalement différents, que nous avions déjà commencé à repérer en examinant le thème du préjugé (chapitre 6), ou les expériences concrètes du syndicalisme américain ou polonais (chapitre 9).

D'une part, le racisme apparaît comme une perversion de rapports sociaux, une forme dégradée de conduites sociales, dont l'espace est d'autant plus large que la société considérée n'est pas fortement structurée à partir d'un mouvement social. Ce qui implique que soient remplies des conditions relatives d'un côté au groupe racisant, d'un autre côté au groupe racisé. Le groupe racisant, ici, doit en effet disposer de ressources qui demeurent sociales, d'une capacité d'action – individuelle ou collective – liée à des moyens économiques ou politiques, à un statut, même menacé, ou encore à des degrés de liberté dans le recours à la violence, à une certaine tolérance ou permissivité dans le système politique et les institutions. Les conduites racistes trouvent un terrain favorable dans l'existence de marchés où ces ressources suffisent souvent à assurer la discrimination, à imposer l'infériorisation de l'Autre dans l'emploi ou le travail, ou encore sa ségrégation urbaine ou scolaire.

Elles sont également favorisées à partir du moment où le groupe victime présente certaines caractéristiques, qui relèvent de ce que John Dollard a appelé la « visibilité » – c'est-à-dire l'existence de marques physiques ou culturelles rendant facilement identifiable tout individu appartenant à la population racisée[6].

D'autre part, le racisme apparaît comme la construction totalement imaginaire d'un système d'action, l'invention délirante de rapports entre races, le déplacement radical d'une scène concrète, réelle, vers une scène fictive, un ordre naturel ou cosmique où il s'oriente sur un bouc émissaire.

Ce déplacement implique des ressources, là encore, mais plus symboliques, historiques et culturelles que sociales ; il passe par une définition communautaire de l'acteur – la nation le plus souvent –, par l'activation ou la réactivation de mythes ancrés dans une histoire dont l'épaisseur peut être considérable – comme c'est le cas de l'antijudaïsme.

Le choix du bouc émissaire, là aussi, n'est pas le fruit du hasard ou de la conjoncture, du moins pour les expériences acquérant une certaine stabilité dans le temps (haine des

Juifs, des Tziganes notamment). Il doit beaucoup, si l'on suit Gordon W. Allport, à des facteurs historiques et culturels propres au groupe victime ; il repose, selon Yves Chevalier à propos de l'antisémitisme, sur le fait que les Juifs sont « un groupe minoritaire porteur d'une identité propre, dispersé géographiquement, occupant généralement des positions économiques partiellement distinctes – et de plus en plus distinctes –, qui a longtemps entretenu avec les pouvoirs publics des relations non exemptes d'ambiguïté[7] ».

Ces deux modes de production sociale du racisme renvoient, mais imparfaitement, à l'opposition, déjà établie, entre racisme différentialiste et racisme inégalitaire[8] ; ils en sont suffisamment proches pour qu'on puisse associer racisme partiel et racisme à dominance inégalitaire d'un côté, racisme total et racisme à dominance différentialiste de l'autre. Dans certains cas, ils se succèdent l'un à l'autre, comme si, en particulier, l'épuisement ou l'impossibilité d'un racisme partiel débouchait sur le passage à un racisme total. C'est ainsi, par exemple, que les skinheads sont d'abord apparus comme une expression décomposée du mouvement ouvrier britannique, forme sans contenu social, déconnectée de tout conflit de classes, encore imprégnée d'une certaine culture ouvrière et lourde d'une rage qui a vite débordé le racisme partiel anti-« Blacks » et, surtout, anti-Asiatiques – si fréquent chez les ouvriers blancs –, pour se résoudre, dans un espace devenu européen, en un racisme total, d'inspiration néo-nazie, sans aucun lien ni avec l'action ouvrière ni avec des stratégies sur les marchés de l'emploi ou du logement. Dans d'autres cas, on est plutôt dans une zone intermédiaire, où se mêlent la tentative de maintenir un ordre social où le racisme partiel a sa place et des tendances à aller vers un racisme total. La figure du « petit Blanc » correspond assez bien à cette zone – qu'il s'agisse des violences barbares du lynchage populaire aux États-Unis jusque dans les années vingt ou, dans le cas français contemporain, du populisme infraraciste où l'acteur oscille entre son désir de maintenir les immigrés dans un état de subordination et d'infériorité et l'appel haineux à leur expulsion.

Ce qui nous conduit à une dernière remarque, qui est qu'il ne faut pas confondre les deux modes de production sociale du racisme qui viennent d'être présentés et qui correspondent à des catégories analytiques avec des phénomènes historiques qui peuvent fort bien, dans l'ensemble, relever plutôt de l'un ou l'autre, mais aussi des deux, et avec des variations dans le temps et l'espace pouvant atteindre une amplitude considérable. Le racisme anti-Noirs, s'il a été le plus souvent associé, dans l'histoire, à des pratiques de domination et à une logique inégalitaire, ou partielle, comporte aussi – on vient de le voir à propos des « petits Blancs » – une dimension différentialiste proche d'un racisme total. Symétriquement, l'antisémitisme ne mérite pas toujours, ou pas exclusivement, d'être rangé du côté d'une logique de racisme total. C'est ainsi que Jacob Katz, dans un texte vigoureux, s'en est pris à trois types d'explications – qu'il appelle sociopolitiques, psychanalytiques et idéologiques –, qui ont en commun, selon lui, de négliger les conflits réels entre Juifs et non-Juifs[9]. Il y a, explique Katz, trois façons de disjoindre l'antisémitisme de sa connexion avec les Juifs réels, concrets : la première consiste à y voir un déplacement de la protestation sociale sur un groupe plus facile à atteindre que les vrais responsables ; la deuxième, qu'illustre le livre de Saül Friedländer sur l'antisémitisme nazi[10], ramène le phénomène à une psychose collective ; la troisième met l'accent sur la force de l'idéologie raciale, abstraction faite de l'existence juive. Il est vrai que, aussi fictif qu'il puisse paraître, l'antisémitisme se développe généralement dans des situations où le judaïsme a une certaine réalité, où les Juifs forment des collectivités plus ou moins visibles, où certains d'entre eux occupent des positions économiques, sociales, politiques ou culturelles, et que l'antisémitisme sans Juifs est un cas limite, exceptionnel dans l'histoire, et qu'on ne rencontre guère que dans l'Europe centrale communiste ou postcommuniste[11] ainsi que, beaucoup plus modestement, dans le Japon contemporain. Il est exact que, dans certains cas, l'antisémitisme, pour maintenir notre vocabulaire, relève d'un racisme partiel – ce que montrent très bien, par exemple, Victor Karady et Istvan Kémény à propos de la Hongrie dans l'entre-deux-guerres, où la montée de l'antisémitisme s'opère sur fond de concurrence avec les Juifs sur les marchés du travail et de l'éducation[12]. Mais c'est passer, très souvent, à côté de l'essentiel que d'être insensible à la fonction imaginaire et symbolique que remplissent les Juifs, et à la logique différentialiste qui rejette tout conflit, et même toute concurrence sur des marchés avec eux, pour en appeler à leur mise à l'écart et à leur destruction. L'antisémitisme, dans ses formes historiques, associe couramment les deux logiques fondamentales du racisme ; mais s'il occupe une place si centrale dans l'histoire, c'est assurément pour ce qu'il a pu signifier d'expulsions et de massacres effrénés, bien plus que pour les rapports inégalitaires qu'il a aussi pourtant très souvent accompagnés ou rationalisés.

11

Identité communautaire et racisme

Il est rare qu'un acte ou un discours raciste, aussi isolé qu'il puisse paraître, n'en appelle à une communauté d'appartenance où la race est associée, d'une façon ou d'une autre, à d'autres référents identitaires.

Dans le monde moderne, la nation constitue de ce point de vue une catégorie incontournable, même si elle n'est pas nécessairement liée, comme consubstantiellement, à un racisme, différentialiste plus souvent qu'inégalitaire, qui en fonde ou en accompagne la défense contre une menace extérieure, la promotion ou la purification. Mais d'autres types de communautés semblent elles aussi, en première approximation, devoir attirer notre attention.

Ce peut être la religion, et en particulier le christianisme, qui joua un rôle considérable dans l'expansion coloniale de l'Europe et qui alimenta des pratiques souvent racistes bien avant la lettre. Ne fallut-il pas, entre autres interventions, l'engagement vigoureux de Las Casas pour qu'une humanité soit reconnue aux Indiens d'Amérique, à qui l'Église et le pouvoir hésitaient à accorder une âme ? Et, pour ne pas quitter l'Espagne à l'« heure de l'Inquisition » et au « temps de son destin », comme dit Léon Poliakov[1], n'est-ce pas la même alliance de l'Église et du pouvoir qui inventa, avec les statuts de « pureté de sang », la première version véritablement politique et biologique de ce qui, jusqu'au XVe siècle, était plus un antijudaïsme faiblement biologisant qu'un racisme à proprement parler : le sang juif, explique un controversiste du XVIe siècle cité par Charles Amiel, même en quantité infime, corrompt l'homme ; il est *« quasi venenum »* (comme du poison)[2] !

Ce peut être, aussi, l'ethnie (l'*ethnicity* pour les Anglo-Saxons), pour laquelle de nombreux auteurs, depuis les années soixante-dix, parlent d'une renaissance – ce qui traduit l'échec de la pensée évolutionniste et celui de l'idée que la modernisation et l'industrialisation devaient inéluctablement dissoudre ce type de particularisme. Ethnie et race sont si fortement imbriquées, pour beaucoup de chercheurs et de spécialistes, qu'on trouve les deux termes couramment associés dans plusieurs titres d'ouvrages récents, dans celui d'une revue importante, ou encore dans l'intitulé d'un des comités de recherche de l'Association internationale de sociologie[3]. Pourtant, la notion d'ethnie est à bien des égards problématique. Ce qui la distingue de celle de nation n'est pas toujours très clair, même si Max Weber confère à cette dernière un caractère politique qu'il résiste à accorder à l'ethnie. On a parfois le sentiment, nous l'avons vu, que parler d'ethnie permet d'introduire, par la bande, une définition raciale plus ou moins explicite du groupe concerné, ou, à l'inverse, que cela recouvre des problèmes sociaux qu'elle se refuse à nommer.

Le caractère instable ou fragile de la notion fait ainsi qu'elle éclate très visiblement, dans la littérature, selon trois axes. Le premier est celui où elle se rapproche considérablement de la notion de nation – par exemple chez un auteur comme Anthony D. Smith, qui parle de « nationalisme ethnique » pour désigner la doctrine et l'action de ceux qui, depuis la fin du XVIIIe siècle, réclament pour chaque groupe ethnique le statut de nation et, de là, le droit à l'autodétermination et à un État indépendant[4]. Le deuxième est celui où le biologique prend le pas sur le social et le culturel – dérive que l'on rencontre, de façon surprenante, dans les textes les plus récents d'un des meilleurs analystes du racisme, Pierre L. van den Berghe, qui désormais propose une théorie bio-sociale des populations ethniques et, surtout, du racisme lui-même, qu'il explique en définitive par la génétique bien plus que par d'autres disciplines[5]. Enfin, le troisième axe, qu'illustre par exemple Stephen Steinberg, consiste à rechercher les rapports sociaux masqués, sur un mode mythique ou idéologique, par le recours à la notion d'ethnie[6].

Nation, religion, ethnie ne constituent pas les seules communautés auxquelles peut se référer l'acteur raciste, et on peut en rajouter beaucoup d'autres – secte, tribu, clan, ville ou région, par exemple. Mais l'essentiel, au-delà des distinctions qu'on peut apporter entre formes de communautés, est qu'elles semblent toutes offrir un terrain favorable à l'expansion du racisme. Encore faut-il être beaucoup plus précis.

1. Communauté et action communautaire

La sociologie classique parle abondamment de communautés, et s'est même très largement construite autour du couple d'opposition qu'elles forment avec les sociétés, ainsi que de l'idée d'une marche générale de l'histoire conduisant des unes aux autres, de la *Gemeinschaft* à la *Gesellschaft*, de la solidarité mécanique à la solidarité organique, de l'*ascription* à l'*achievement*. La communauté, explique par exemple Ferdinand Tönnies, est une forme de vie ancienne, où les rapports sociaux sont vécus, sentis, bien plus que conçus abstraitement; on n'y trouve aucune distanciation par rapport à la pratique, mais des liens de famille et de sang, de l'instinct et du plaisir, de la coutume et du rite[7]. L'analyse, ici, se centre sur le fonctionnement et l'organisation de la collectivité. Elle peut aussi prendre un tour descriptif, chercher à caractériser objectivement diverses formes de communautés à l'aide de critères culturels, territoriaux ou géographiques, biologiques.

Mais ce mode d'approche présente vite ses limites ; il isole un groupe humain – ou plusieurs – auquel il attribue des caractéristiques propres et, dans les cas extrêmes, une essence, sans rendre compte ni des modifications qui peuvent affecter ces caractéristiques elles-mêmes ni, surtout, de l'action menée au nom de la communauté concernée. C'est pourquoi il faut se tourner vers d'autres approches, plus ouvertes à la subjectivité des acteurs communautaires et dont on trouve chez Max Weber les premiers éléments. Certes, Max Weber s'intéresse plutôt au processus où se fonde et se transforme une communauté et a recours très largement à la notion de « communalisation » pour rendre compte de phénomènes de regroupement (ou de dispersion), d'institutionnalisation, ou encore pour évoquer le rôle de l'éducation[8]. Son problème principal, il le dit nettement à propos de la religion, est l'action à l'intérieur d'une communauté, et non pas l'action de cette communauté[9]. Mais son intérêt particulier pour les communautés « émotionnelles » et ses fameux développements sur le charisme ouvrent la voie à l'idée d'action communautaire : le leader charismatique, propre aux communautés émotionnelles, définit un projet, inspire une action collective et lui donne un sens. Et Max Weber suggère, à propos du sentiment national comme lorsqu'il évoque la communauté ethnique, que l'unité d'émotions, la « passion », débouche sur l'« orgueil passionné » de la puissance politique[10].

On a parfois cherché à opposer deux images de l'action communautaire : l'une, rationnelle, insistant sur la capacité des collectivités ethniques, nationales ou autres à répondre de façon calculée à des pressions sociales, ou à mobiliser des ressources notamment politiques ; l'autre, au contraire, mettant l'accent sur les prédispositions primaires, instinctives, régressives des mêmes collectivités[11]. En fait, dans un cas comme dans l'autre, on passe à côté de l'essentiel, surtout s'il s'agit du racisme communautaire – qui se réduit parfois à un noyau dur, primaire, qui intervient parfois dans des calculs et des stratégies, mais dont la production obéit bien davantage à des processus chargés de sens. Le racisme, dans la mesure où il est référé à une identité autre que sociale, doit être envisagé comme une modalité particulière d'action, une force de mobilisation qui appartient à la famille, beaucoup plus générale, des mouvements communautaires, ou qui tout au moins lui est associée.

2. La notion de mouvement communautaire

Un mouvement communautaire n'a rien à voir avec un mouvement social puisque, là où celui-ci traduit la division d'une société, il en appelle, à l'inverse, à l'unité du corps social ou de toute autre collectivité. On peut pourtant en dessiner la notion en précisant, comme pour celle de mouvement social, la nature de ses éléments constitutifs et la façon dont ils font système.

1. L'identité communautaire

Parlant au nom d'une entité – d'une nation, d'une religion, d'une race, d'une ethnie ou autres –, le mouvement communautaire se construit nécessairement à partir d'une identité. Là est le socle de toute action communautaire, quelle que soit ensuite sa façon de définir ce à quoi elle s'oppose, ou contre quoi elle se mobilise. Le propre de l'identité, ici, est qu'elle n'a besoin de rien d'autre que d'elle-même pour être définie, qu'elle n'implique aucune relation de l'acteur à un autre acteur. Elle constitue son être, son essence, sa nature, elle fonde une unité qui ne doit apparemment rien à des rapports sociaux et qui semble, en première approximation, constituer un donné a-historique ou trans-historique. L'identité communautaire repose sur une langue, une culture, une religion, etc. ; elle traverse le temps, du passé vers l'avenir, plutôt tendue vers l'un, ou vers l'autre, vers une source originelle, un moment fondateur, ou vers un destin sans référence à une définition sociale de l'acteur. Celui-ci est porté par des valeurs, ou par un projet historique ; il est soit beaucoup plus qu'une force sociale en conflit avec d'autres forces sociales – l'humanité, le porteur de la vérité, de la justice, de la civilisation –, soit beaucoup moins – une nature, un être, une essence. Il est parfois la combinaison de ces deux principes, à la fois infra- et suprasocial.

Quel que soit le ciment identitaire – histoire, culture, religion, etc. –, il subordonne l'individu ou les sous-groupes à une unité dont il n'est qu'un atome, il interdit l'individualisme (au sens de Louis Dumont quand il oppose individualisme et holisme) et, plus précisément, l'autorise à se constituer en acteur tout en lui interdisant de se construire en sujet. L'individu, comme plus petit élément d'une unité rassemblée par des traditions ou par des affects, peut participer à un combat collectif, défensif ou offensif ; il ne saurait pas produire par lui-même son existence, il n'est pas défini par sa capacité de création ou de choix où il construirait sa propre vie. Le sens de ses conduites passe par l'intervention de ceux qui ont le pouvoir d'inspirer ou d'orienter l'action – clercs, prophètes, chefs charismatiques.

Enfin, l'identité communautaire, dans la mesure où elle en appelle à l'unité, voire à l'homogénéité de la collectivité, peut aller de pair avec un souci d'en expulser ou d'en expurger les éléments d'impureté – ce qui nous conduit très directement au thème du racisme différentialiste.

2. *L'opposition*

Un mouvement communautaire se définit, en second lieu, par ce à quoi ou à qui il s'oppose. Il peut arriver qu'une communauté menacée du dehors, ou en crise, choisisse la fuite, la désertion ou l'autodestruction – tels les Tupi-Guarani, dont Pierres Clastres expliquait qu'ils avaient opté pour un « quasi-suicide[12] », ou encore la secte du Temple du Peuple, qui, en 1976, s'est laissé massacrer en Guyane par ses dirigeants. Fermeture sectaire ou messianisme, par exemple, n'impliquent pas nécessairement l'engagement dans une action tendue vers un ennemi, et il faut admettre qu'un mouvement communautaire, précisément parce qu'il n'est pas un mouvement social, partie prenante d'une relation conflictuelle organisée autour d'un enjeu commun à lui et à son adversaire, peut opter entre deux définitions, deux modes de gestion de son rapport à la menace ou à l'ennemi.

L'opposition, en effet, peut déboucher sur la reconnaissance d'un ennemi, que l'on combat ou avec qui l'on traite, mais que l'on affronte et en tout cas désigne comme tel. Elle peut, à l'inverse, se traduire par le refus ou l'incapacité d'une telle reconnaissance, et prendre alors diverses formes : rétraction sectaire, centration et fermeture autour de conduites exemplaires ou encore, on l'a dit, fuite, autodestruction, dispersion. Il existe assurément une grande variété aussi bien dans les conduites d'affrontement, de guerre, de violence, que dans celles où l'opposition, au lieu d'être vécue sur le mode d'un face-à-face avec un autre acteur, est refusée ou rejetée, et, surtout, intériorisée ou internalisée. L'essentiel est de voir que, à l'image d'un principe simple d'opposition, qui correspond bien au cas des mouvements sociaux, il faut substituer, pour les mouvements communautaires, celle d'un principe double, d'un couple externalisation-internalisation que l'acteur peut, selon les expériences, gérer comme tel, dans sa dualité et en combinant les deux termes – choisissant par exemple d'être à la fois dans l'*exemplarité* et la *violence* –, mais où, le plus souvent, il tranche, pour une option ou pour l'autre.

3. *La totalité*

Un mouvement communautaire est d'autant plus puissant que les individus qui le composent s'identifient fortement à des valeurs culturelles. La collectivité est directement définie par ces valeurs – sans distanciation, on l'a dit, sans qu'il soit question d'une tension, d'un effort pour les contrôler ou les orienter. L'acteur ne se mobilise pas pour diriger une historicité que d'autres s'approprient, et dont il contesterait la domination; il s'identifie à une historicité, dont il n'accepte pas qu'elle soit détruite, menacée, ou qu'il voudrait créer ou recréer, ou dont il souhaite assurer l'expansion.

L'enjeu de l'action, ici, n'est donc pas un ensemble de modèles ou de valeurs que l'acteur partagerait avec son adversaire social – comme lorsque le mouvement ouvrier et la bourgeoisie reconnaissent l'un et l'autre le caractère positif du progrès et de l'industrie, et s'en disputent la direction. Il est d'affirmer un ensemble de modèles ou de valeurs contre un autre ensemble, d'opposer une historicité à une autre – ce qui n'exclut pas des emprunts ou des formules syncrétiques, dans lesquelles le mouvement communautaire, par exemple, entend affirmer sa religion, relever de ses propres mythes, défendre ses conceptions du politique et de la vie sociale, en même temps qu'il s'approprie des éléments d'une autre religion, des modes de connaissance, ou encore une conception de la science et du progrès qui lui viennent du dehors.

De même, donc, qu'un mouvement communautaire se définit par une dualité en ce qui concerne ce à quoi il s'oppose, de même on peut parler d'une dualisation ou d'un éclatement en ce qui a trait à l'enjeu le plus haut de son action. D'un côté, en effet, il s'agit de rejeter des valeurs, des modèles, une historicité à laquelle l'acteur refuse de s'identifier, et, de l'autre côté, il s'agit de renforcer les siennes propres, mais parfois aussi de les inventer. D'où l'importance, par exemple, des efforts de nombreuses luttes communautaires non seulement pour s'appuyer sur des traditions et les valoriser, mais aussi pour reconstruire une histoire plus ou moins mythique, retrouver une langue qui se perd ou promouvoir une éducation qui soit propre à la communauté. A partir du moment où il n'y a pas un ensemble de valeurs partagées avec l'ennemi, mais bien opposition de deux systèmes de valeurs, l'acteur, ici, ne peut être défini que par la double tension dans laquelle s'opère le rejet de l'historicité de l'Autre et l'affirmation de la sienne propre.

4. La fusion communautaire

Il est difficile, en fait, de séparer, même analytiquement, les trois principes qui viennent d'être présentés séparément. Dans un mouvement communautaire, en effet, ces trois principes semblent souvent n'en constituer qu'un seul, tant chacun d'eux semble n'être qu'une façon particulière de rendre compte d'une réalité fortement unifiée.

L'identité de l'acteur est donnée par ses convictions, ses valeurs, ses traditions, ses mythes, elle est l'essence d'un être collectif qui n'est rien de plus que ce pour quoi il agit. Elle se confond vite avec l'enjeu de l'action : l'acteur est en lui-même le sens de son action, il ne se distancie guère de l'historicité qui l'oriente. C'est pourquoi il donne parfois, dans les cas extrêmes, l'image de l'intégrisme, de la référence obstinée, sans concession possible, à la tradition, aux valeurs, aux fondements dont il se réclame.

De même, l'adversaire, ou plutôt l'ennemi, ou, simplement, l'Autre, est avant tout ce qui menace, détruit ou empêche l'acteur de se créer lui-même ou de se réaliser en son être et en son historicité ; il est ce qui impose ou introduit une autre identité, ce qui nie son être. C'est pourquoi, là aussi dans les cas extrêmes, l'acteur peut sembler fanatique, prêt à tout dans un combat où est en jeu non pas sa capacité à produire son existence et à lui donner un sens, mais cette existence même, son être collectif là encore.

Contrairement à ce qu'on peut dire des mouvements sociaux, il n'est donc pas possible, à propos des mouvements communautaires, de parler d'intégration des trois éléments qui définissent l'action. Ces éléments renvoient sans cesse l'un à l'autre et sont bien plus fusionnés qu'intégrés. D'où le caractère non négociable, irréductible, des demandes que vient mettre en forme l'action communautaire – qui, bien plus que d'autres, s'engage souvent dans des combats sans merci, dans la rupture, la non-communication avec l'Autre, l'appel aussi à la pureté et au refus de la compromission. S'il y a de l'absolu dans les mouvements communautaires, s'ils semblent reposer si fortement sur de forts affects – la communauté émotionnelle dont parle Max Weber –, s'ils semblent vivre si intensément une relation symbiotique avec leurs dirigeants, c'est aussi parce que, avec eux, principe d'identité, principe d'opposition et principe de totalité forment un tout, ou tendent à le former.

3. La formation des mouvements communautaires

Le racisme a souvent sa place, parfois très large, au sein des mouvements communautaires. Ce peut être dans leurs formes les plus faibles, les plus diffuses – où une conscience nationale, par exemple, n'alimente qu'une action limitée et s'exprime, bien davantage, dans la production culturelle, ou encore à l'occasion d'événements sportifs. Ce peut être également dans leurs formes plus tranchées – où les conduites de violence et de rupture, par exemple, mobilisent l'acteur dans un effort soutenu et sur la longue durée. Mais, avant d'examiner la relation entre racisme et mouvements communautaires, il nous faut encore apporter diverses précisions, qui tiennent au caractère historique et changeant des mouvements communautaires.

La conscience communautaire, qu'elle soit ethnique, nationale, religieuse ou autre, n'est pas une donnée immuable, traversant l'histoire. La tradition, la religion, la langue même, la représentation du passé ne sont pas éternelles, et résultent constamment d'un travail d'élaboration ou de réélaboration qui passe par l'intervention d'agents spécifiques : clercs, militants politiques, prophètes, intellectuels, dont le rôle, de plus, est déterminant chaque fois qu'il s'agit de transcrire la conscience en action. Les mouvements communautaires, dans le monde moderne tout au moins, relèvent d'une production, et pas seulement d'une reproduction ; ils procèdent de processus de formation et de transformation, ils déplacent et représentent des collectivités qu'il n'est pas possible de réduire à une image stabilisée une fois pour toutes. Cinq types de processus méritent plus particulièrement ici notre attention, tant ils sont associés, dans l'histoire, à des expressions plus ou moins fortes de racisme.

1. La défense communautaire

Les conjonctures historiques de changement, lorsqu'elles affectent des communautés traditionnelles, ne les laissent pas indifférentes ou passives et peuvent générer des conduites défensives. La conquête coloniale constitue, à l'échelle mondiale, un phénomène qui a suscité d'innombrables formes de résistance. De façon plus limitée, le passage d'économies préindustrielles à des économies industrielles, en détruisant des formes antérieures de sociabilité, a aussi, y compris dans les sociétés les plus centrales, entraîné des conduites de défense, dans lesquelles la référence à la tradition, au genre de vie et à l'identité menacée par la modernisation est le plus souvent avancée par ceux qui sont le plus directement touchés par le changement : les vieilles élites, notables, propriétaires économiques, hommes d'Église, etc., qui voient leur emprise ou leur pouvoir déstabilisés, et même bousculés, et qui deviennent les porte-parole les plus actifs de l'appel à l'identité collective. Là où la modernisation est impulsée par des élites étrangères ou, simplement, qui appartiennent à une religion minoritaire, cet appel peut être lourd, tout à la fois, d'un nationalisme qui se renouvelle, mais aussi de xénophobie ou de racisme. C'est ainsi que, à la fin du XIXe siècle, l'industrialisation de la Pologne démembrée entre la Russie, la Prusse et l'Autriche fut, en bonne partie, conduite par des Allemands et des Juifs – ce qui contribua à la montée d'un nationalisme très réactionnaire, nostalgique de l'époque préindustrielle, anti-urbain, et antisémite, et dont les agents les plus actifs furent les élites traditionnelles polonaises, une partie de la noblesse, du clergé et de l'intelligentsia[13].

Symétriquement, la crise industrielle ou l'épuisement local de l'industrie peuvent entraîner également des conduites de défense communautaire – comme on le voit chaque fois qu'une mono-industrie, faisant vivre une ville ou une région, est en liquidation, totale ou partielle : les fermetures d'usine signifient la destruction d'une communauté, et pas seulement des difficultés économiques. Elles se traduisent par des réactions, qui peuvent être très violentes, dans lesquelles une collectivité tout entière voit, autour des ouvriers, se mobiliser aussi leurs femmes – figure centrale de bien des luttes communautaires –, mais également d'autres acteurs économiques : les réseaux de notables, les enseignants, etc.[14]. Dans ces conditions, la mobilisation peut se traduire par la réactivation de formes antérieures de racisme – par exemple d'un vieux fond local antijudaïque et antisémite – ou par une crispation xénophobe et racisante, visant en premier lieu les étrangers appelés, dans une phase antérieure – surtout si elle est récente –, à répondre au besoin de main-d'œuvre.

2. *Guerres et conquêtes*

Dans un article stimulant, Anthony D. Smith demande à juste titre qu'on complète en la renversant la perspective traditionnelle, qui explique la guerre et la conquête par la poussée de l'ethnisme ou du nationalisme[15]. La conscience communautaire, de ce point de vue, est façonnée par le conflit externe et l'extension territoriale, qui catalysent, accélèrent ou renforcent la cohésion collective. La dynamique que suscitent ces phénomènes, dans lesquels le rôle des élites militaires est déterminant, exalte le sentiment d'appartenance identitaire, y inclut des individus et des groupes jusque-là peu concernés, mobilise dans un même effort savants, techniciens, industriels, ouvriers, paysans, soldats ; elle transforme des traits non conscients, ou faiblement élaborés : la langue, les références historiques, les traditions, en outils de l'action collective. La guerre et la conquête diffusent une image forte et robuste de la communauté, apportent des cadres de pensée cohérents qui dissolvent ceux, antérieurs et plus éclatés, de nombreux participants à l'action ; elles orientent et mettent en forme un mouvement communautaire, autant sinon plus qu'elles en procèdent.

Smith illustre son propos par de nombreux exemples, pris dans l'antiquité, puis dans la Révolution française et l'époque, consécutive, de ce qu'il appelle la « renaissance ethnique », ainsi qu'en examinant les deux guerres mondiales de ce siècle. Mais comment ne pas voir, aussi, que les plus importantes opérations militaires des années quatre-vingt ont toujours exacerbé des sentiments nationaux ou religieux, relancé le nationalisme argentin et son symétrique britannique (guerre dite « des Malouines ») – ce qui a redonné vigueur politique à la droite de Mme Thatcher, mobilisé l'Iran autour, tout à la fois, de sa religion et de sa nation (guerre entre l'Irak et l'Iran), tenté de ressusciter un nationalisme arabe, bien décomposé depuis l'échec de Nasser, et même essayé, avec Saddam Hussein et l'annexion du Koweït par l'Irak en août 1990, de l'articuler à un islam conquérant, qui jusqu'ici semblait plutôt se développer dans le déclin de la cause arabe ?

La perspective dégagée par Smith s'inscrit dans une tradition intellectuelle où l'on rencontre bien d'autres pensées, qui, chacune à sa façon, soulignent le rôle du conflit dans la production même des acteurs – qu'il s'agisse de Georg Simmel, pour qui le conflit apporte un mode de socialisation et d'intensification de la cohésion des groupes concernés ; de Georges Sorel, favorable à la violence de classe, condition nécessaire, selon lui, à la vitalité du prolétariat comme de la bourgeoisie ; ou encore de Frantz Fanon, pour qui la rupture violente est la clé même de l'unification nationale, voire raciale, de l'acteur colonisé dans sa lutte de libération[16]. Du point de vue du racisme, l'action communautaire, lorsqu'elle débouche sur la conquête ou la guerre, entraîne trois conséquences. La première est qu'elle n'exclut aucune des deux formes fondamentales du racisme (partiel et total) dans les situations offensives, d'expansion, et notamment dans l'expansion coloniale : « la frontière entre la colonisation et l'assassinat collectif, explique par exemple Memmi, passe par les besoins du colonisateur. Les premiers immigrants européens aux Amériques ont décimé les Indiens parce qu'ils n'en avaient pas l'usage. Plus tard, pour les besoins des plantations, ils firent appel à la main-d'œuvre noire, et d'importation européenne[17] ». La deuxième est qu'elle privilégie une logique différentialiste, un racisme total, dès lors qu'elle relève d'une logique guerrière, plus que de développement et d'expansion économique. La troisième est que l'espace d'un racisme inégalitaire se rétrécit en temps de guerre, à l'intérieur de la société concernée, dans la mesure où les groupes antérieurement racisés sont soit transformés en boucs émissaires et traités selon une logique différentialiste, soit incorporés bien plus qu'avant au sein de la collectivité. C'est ainsi que la Première et la Seconde Guerre mondiale, en mobilisant des Noirs dans l'armée américaine ou des Maghrébins et des Africains dans les troupes françaises, ont déplacé des équilibres considérables, tant aux États-Unis que, pour la France, dans les colonies et la métropole.

3. Crise de l'État et poussée communautaire

Un ou plusieurs mouvements communautaires peuvent se former et se déployer dans des situations où plusieurs communautés, jusque-là associées au sein d'une même unité politique, cessent d'accepter cette intégration et demandent soit une nouvelle donne – une autre répartition du pouvoir, par exemple –, soit la dissolution de l'association.

Une telle situation peut s'expliquer de plusieurs manières. C'est ainsi qu'on peut mettre en avant, comme facteur déterminant, la crise de l'État qui, jusqu'alors, était capable d'assurer la gestion de la société pluricommunautaire. L'expérience récente du Liban est ici exemplaire. La désintégration de l'État libanais, né du « Pacte national » de 1943, n'a cessé de s'accélérer à partir du milieu des années soixante-dix, et, dans cette déstructuration, on a pu voir les diverses communautés religieuses du pays se transformer, plus ou moins activement, en acteurs militarisés et vivre des conflits non seulement inter- mais aussi intracommunautaires. Ici, l'action et, plus précisément, la violence semblent résulter, entre autres facteurs, non pas de conduites purement défensives ni d'idéologies nationalistes, mais des carences d'un État qui ouvrent l'espace pour des affrontements où chaque communauté, tout en vivant d'intenses transformations, défend ses territoires, mais aussi cherche à peser sur la vie politique du pays, de la région, et même du monde entier dans certains cas. C'est ainsi, en particulier, que la violence communautaire chiite, y compris dans ses formes terroristes, s'est déployée dans le vide créé par la crise de l'État pour affirmer, en même temps, l'attachement à une religion, des préceptes, un désir souvent effréné de rupture avec l'Occident, et le souci de peser plus lourdement sur les destinées du pays et de la région[18].

Aussi barbare et meurtrière qu'elle soit, l'expérience libanaise n'est guère empreinte de racisme. Par contre, dans d'autres situations de crise ou de déstructuration de l'État et du système politique, on débouche couramment sur des affrontements d'une violence inouïe, dans lesquels les groupes en présence se définissent par une haine ethnique, tribale ou clanique bien proche de la haine raciale. Une part considérable de l'histoire de l'Afrique postcoloniale est faite de ce type de violences – d'autant plus effrénées qu'elles tendent vers un tribalisme nu, non théorisé ou idéologisé, qui est ce qui subsiste quand il ne reste plus aucune autre signification de l'action.

4. D'un mouvement communautaire à l'autre

Les mouvements communautaires ne suivent qu'exceptionnellement une trajectoire rectiligne, dans laquelle changeraient simplement leur intensité ou leur force de mobilisation. Leur contenu, les significations, les orientations qu'ils mettent en forme varient eux aussi, au point que, au-delà d'inflexions modestes, ils donnent parfois l'image d'une réorientation suffisamment importante pour qu'on puisse parler de mutation ou d'engendrement de nouveaux mouvements communautaires.

Le cas du monde arabe peut illustrer clairement cette remarque. Dans les années soixante, on a vu s'affirmer un nationalisme arabe, dont la figure de proue fut Nasser et qui s'est considérablement affaibli après la défaite consécutive à la guerre des Six Jours, en 1967. Cet affaiblissement fut l'occasion d'une affirmation du nationalisme palestinien et de son projet, qui consistait à renverser l'ordre de la subordination : pour Yasser Arafat, la cause palestinienne ne saurait tout attendre d'un succès du nationalisme arabe ; c'est au contraire ce dernier qui doit se mettre au service de la libération de la Palestine. A partir des années soixante-dix, la crise du nationalisme arabe mais aussi les difficultés du mouvement palestinien ont contribué à ouvrir l'espace, chez les mêmes acteurs, pour une nouvelle signification de l'action, religieuse cette fois, portée par un islamisme souvent radical qui déstabilise le mouvement palestinien et s'éloigne, ne serait-ce que dans l'islam chiite pro-iranien, du nationalisme arabe. Ce furent souvent les mêmes qui militèrent à la fin des année soixante pour la cause arabe, puis pour la révolution palestinienne et ensuite, au nom de l'islam, au sein du mouvement palestinien ou dans des groupes comme le Hezbollah.

Dans certaines expériences, de nouvelles identités viennent donc infléchir l'action des mêmes individus et entrent suffisamment en conflit avec les anciennes pour que cela se traduise par des tensions internes, des scissions et l'apparition de nouvelles organisations. Dans d'autres, et parfois dans les mêmes, ce sont plutôt des phénomènes inverses de syncrétisme qui sont à l'œuvre, ou tout au moins d'effort pour intégrer des significations relevant d'identités différentes.

Une lutte communautaire peut fort bien porter en elle-même, par exemple, un conglomérat de significations ethniques et nationales. C'est ainsi, par exemple, qu'au lieu de se poser la question de savoir si la révolte Mau-Mau au Kenya ou la rébellion du Frolinat au Tchad sont de caractère ethnique ou national, Robert Brijtenhuijt suggère que de telles luttes sont à la fois l'un et l'autre – ce qui se traduit par un décalage entre des objectifs nationalistes et une mobilisation ethnique ou régionale[19]. De même, on a souvent constaté que le nationalisme peut se construire en absorbant, voire en broyant, des communautés qui lui préexistent – « l'Allemagne prénationaliste, note par exemple Ernest Gellner, était composée d'une multiplicité de vraies communautés dont la plupart étaient rurales, tandis que l'Allemagne unifiée postnationaliste était essentiellement une société de masse industrielle[20] » – et on pourrait faire des remarques analogues concernant la France, qui ne s'est véritablement construite qu'avec la IIIe République, son école, et la mobilisation massive de la Première Guerre mondiale.

Ce travail du sens, ces réorientations – présentées ici de façon très rapide et superficielle – témoignent d'un phénomène important. Les mouvements communautaires sont toujours susceptibles de produire ou de s'approprier des référents identitaires nouveaux, voire de générer d'autres acteurs communautaires qu'eux-mêmes, de créer ou d'emprunter un sens qui déplace considérablement leur action – qu'il est donc bien hasardeux de vouloir réduire à un corps stable de traditions ou à l'idée de valeurs primaires, telle qu'elle est présentée par des auteurs comme Edward Shils ou Clifford Geertz[21]. C'est pourquoi il est généralement insuffisant, et parfois même faux, d'expliquer l'action communautaire par une culture, une religion, une histoire passée ou des traits plus ou moins biologiques qui, une fois pour toutes, fixeraient les orientations de l'acteur et façonneraient sa propension à la violence, à l'exemplarité, ou à tout autre type de conduite.

C'est pourquoi aussi, dans les mouvements communautaires, la place du racisme, comme signification de l'action, ne peut être considérée comme stable et acquise une fois pour toutes, et est toujours susceptible de variations considérables – sur lesquelles nous reviendrons, mais dont nous pouvons donner dès maintenant un exemple : celui du mouvement basque. Au moment de sa formation, et bien après la période où il fut dirigé par son principal fondateur, Sabino Arana, le nationalisme basque a comporté une dimension secondaire, mais bien réelle, de racisme, affirmation de l'existence d'une race basque et, dès lors, d'autres races. La crise considérable qu'a entraînée pour ce mouvement le maintien de la dictature franquiste après la Seconde Guerre mondiale s'est soldée par l'émergence d'un nouvel acteur, ETA, et par un abandon, aussi bien chez celui-ci que dans le nationalisme traditionnel, de sa thématique racisante. Le racisme, on le constate avec l'expérience basque, peut fort bien disparaître de la conscience de l'acteur communautaire ; il peut aussi, à l'inverse, s'y imposer au fil de son évolution. Autant dire qu'il n'y a pas de relation automatique entre mouvements communautaires et racisme.

5. *Mouvements communautaires et mouvements sociaux*

S'il faut distinguer analytiquement mouvements sociaux et mouvements communautaires, il faut aussi considérer les liens historiques qui font qu'ils se prolongent l'un l'autre dans de nombreuses expériences concrètes. La formation d'un mouvement social, tout comme son déclin, est un long processus, chaotique, dans lequel des actions de type communautaire tiennent une place importante – que ce soit dans la phase initiale ou dans la phase finale.

Ainsi, dans son livre célèbre sur la formation de la classe ouvrière anglaise, Edward P. Thompson montre comment la conscience ouvrière de classe se forge au fil d'un long parcours, dont les premiers temps forts relèvent de la notion de mouvement communautaire. Le mouvement ouvrier anglais existe d'abord dans des sectes, dans le méthodisme, le millénarisme, ou dans les « forteresses de Satan », dans la formation de diverses communautés, ou même dans le maintien de valeurs et de traditions préindustrielles[22]. De même, les premières vagues annonçant, à partir des années soixante-dix, dans de nombreux pays du monde occidental, la naissance de nouveaux mouvements sociaux se sont appuyées, très largement, sur de fortes références identitaires. Le mouvement des femmes, note Alain Touraine, « commence par l'appel défensif à l'identité, à la différence, à la spécificité et à la communauté[23] », et connaît même des formes extrêmes de fermeture quasi sectaire ; le mouvement écologiste repose en bonne part sur la défense de communautés locales, sur la résistance à l'industrialisation, sur la peur de voir l'environnement se dégrader, la vie et la santé être menacées. Lui aussi s'enferme très souvent dans le sectarisme et le refus identitaire. Mais on peut considérer qu'il s'agit là du moment, présocial, où s'ébauche un conflit proprement social dont les acteurs ne sont que provisoirement impuissants à reconnaître les termes et à désigner leur adversaire.

Symétriquement, le déclin d'un mouvement social est propice à la formation ou au renforcement de mouvements communautaires. On le constate dans la France contemporaine, où l'épuisement du mouvement ouvrier a favorisé la poussée de toutes sortes de revendications identitaires, religieuses, ethniques, nationalistes ; on peut l'observer aussi dans bien d'autres situations, par exemple dans la transformation des mouvements étudiants en mouvements religieux – comme ce fut le cas en Égypte à partir de la fin des années soixante[24] –, ou encore dans la dégradation des mouvements paysans ou prolétariens en une action essentiellement communautaire – comme ce fut le cas au Liban, avec le Hezbollah, figure devenue à la fois religieuse, violente et exemplaire d'une lutte qui, vingt ans plus tôt, parlait au nom des déshérités et se rapprochait alors d'un mouvement social[25].

Avec ces remarques, nous parvenons à un point capital, dont le lecteur a déjà pu avoir l'intuition dans les pages qui précèdent. La notion de mouvement communautaire ressemble, à bien des égards, à celle d'antimouvement social, au point de lui être substituable dans le cas – que nous venons d'évoquer – des formes communautaires liées à la formation et au déclin des mouvements sociaux. C'est pourquoi l'essentiel des analyses que nous avons proposées à propos des antimouvements sociaux peut être appliqué aux mouvements communautaires, qui constituent toujours un espace favorable à l'extension du racisme. Mais, une fois de plus, ne déduisons pas trop vite de cette proposition l'idée d'un lien direct entre conscience identitaire et racisme : le problème est plus complexe.

4. Racisme et identité

Qu'il y ait une virtualité du racisme au sein des phénomènes communautaires n'est pas surprenant. Plus ceux-ci proposent une orientation forte et totalisante, plus ils séparent, pour parler comme Allport, *in groups* et *out groups*, plus ils en appellent à la différence et à la rupture, et plus les repères qu'ils offrent propulsent la collectivité, ou certains de ses membres, dans un univers non social qui laisse la place à une mystique et à des définitions biologiques ou physiques de soi-même et de l'Autre. Le champ de la conscience et de l'action, dans les mouvements communautaires, n'est guère conçu dans un cadre social ; l'identité n'est pas définie à partir d'une relation et, encore moins, d'une position structurelle dans un rapport de domination – elle situe l'acteur dans l'histoire et, à la limite, dans le cosmos, ce qui favorise la naturalisation ou la démonisation de l'Autre, la valorisation de la généalogie, de la parenté, la hantise du métissage ou l'appel à la communauté de race.

C'est pourquoi les positions extrêmes, marxisantes notamment, qui demandent qu'on disjoigne racisme et action communautaire sont très marginales et peu convaincantes – comme le montre la critique de Paul Gilroy à l'égard de Benedict Anderson, pour qui « les rêves du racisme ont en fait leurs origines dans les idéologies de classe plutôt que dans celles de la nation[26] ».

Le racisme, au sens strict, biologique ou physique, semble souvent avoir sa place dans les mouvements communautaires : latente ou marginale ou, au contraire, visible et centrale. Place bien particulière, qui interdit d'en faire une simple signification identitaire parmi d'autres. Il semble parfois enserré par d'autres identités, au cœur de références qui forment autant d'enveloppes concentriques plus ou moins résistantes à son déploiement ; il semble parfois aussi, tel un germe dans le fruit, capable de faire son chemin, de devenir la principale force de mobilisation et, dès lors, d'orienter et de transformer les autres éléments de l'identité : culturels, religieux, historiques. Étienne Balibar a bien su marquer, tout à la fois, l'existence d'une appartenance du racisme au phénomène communautaire et le caractère remarquable de cette appartenance, et ce qu'il dit du nationalisme peut être élargi à d'autres principes identitaires : « Le racisme, écrit-il, n'est pas une "expression" du nationalisme, mais un supplément de nationalisme, mieux, un supplément intérieur au nationalisme, toujours en excès par rapport à lui, mais toujours indispensable à sa constitution, et cependant encore insuffisant à achever son projet[27]. » De même, il a bien su indiquer comment la poussée du racisme, au sein d'un mouvement communautaire, et plus particulièrement du nationalisme, y apporte des modifications considérables et affecte tous les autres éléments de l'identité : « En cherchant à circonscrire l'essence commune des nationaux, précise-t-il, le racisme s'engage donc inévitablement dans la quête obsessionnelle d'un "noyau" d'introuvable authenticité, rétrécit la nationalité et déstabilise la nation historique[28]. »

Le racisme n'est pas réductible à l'action communautaire,

et bien des expériences qui relèvent de cette immense famille en sont totalement exempts – ce qui interdit de tracer un lien trop direct ou inéluctable entre telle ou telle forme d'action communautaire, et notamment le nationalisme, et le racisme[29]. Et lorsque ce dernier est présent, c'est selon des modalités qui relèvent de processus distincts. Dans certains cas, la formation d'une identité communautaire inclut d'emblée des significations racistes, un projet plus ou moins explicite de mise à l'écart ou de subordination d'un groupe racisé ; elle ramasse des sentiments, des affects racistes plus ou moins largement diffusés au sein de la collectivité, elle les soude dans une conscience ethnique, nationale, religieuse, et l'ensemble acquiert une force de mobilisation qui doit beaucoup à l'intervention d'agents politiques, de doctrinaires, d'idéologues, d'élites qui installent l'action au niveau politique. Dans d'autres cas, à l'inverse, le racisme, quelles qu'en soient les formes, n'apparaît visiblement qu'au fil de l'évolution du mouvement ou à son terme, dans la crise ou l'affaiblissement d'autres référents identitaires, comme s'il constituait un noyau dur qui cristallise une fois épuisés d'autres éléments de sens. Deux orientations, en fait, sont repérables dans ces processus.

5. Les deux orientations du racisme identitaire

La première est celle de l'échec, de l'impuissance, du malheur, de la peur, qui font qu'une identité nationale ou religieuse se durcit, se rétracte, se crispe sur un principe racial, et se transcrit, par exemple, dans la quête effrénée de boucs émissaires. La seconde est celle de l'expansion, de l'affirmation, de la conquête et de la domination, qui font du racisme le moteur ou, tout au moins, la justification de l'action. Ces deux orientations peuvent se prolonger l'une l'autre, et même alimenter de véritables spirales. C'est ainsi que l'expérience nazie procède au départ, entre autres éléments, de l'humiliation nationale consécutive à la défaite de 1918, mais que, très vite, l'antisémitisme y devient une force de mobilisation – les Juifs n'étant plus seulement un bouc émissaire, mais une figure absolue du mal et de l'ennemi. Encore faut-il ajouter, dans ce cas précis, que l'antisémitisme, dans l'Allemagne nazie, n'a pas crû avec la prise de pouvoir par les nazis, et qu'il n'a constitué l'horizon de l'action que pour le pouvoir.

Surtout, ces deux orientations, qui font que le racisme trouve un espace aussi bien dans la crise que dans l'expansion d'un mouvement communautaire, peuvent s'entrecroiser sans se détruire, et même s'alimenter plutôt l'une l'autre. Ainsi, les statuts de pureté du sang, à partir du XVe siècle en Espagne, se développent d'abord sur fond de reconquête, de zèle religieux, et au moment où le pouvoir s'engage dans l'aventure coloniale ; mais, s'ils se maintiennent jusqu'au milieu du XIXe siècle, c'est aussi – Charles Amiel l'indique très clairement – sur fond de mutation sociétale, dans les difficultés que rencontrent, face à la montée des « néo-chrétiens », toutes sortes de groupes sociaux qui se soudent dans une même hostilité et constituent une collectivité inquiète où règne « plus que le souci de la richesse, l'obsession de la considération sociale[30] ».

Le racisme est ici fils – et père – du changement. Il signifie aussi bien le drame, les tensions croissantes et l'impuissance d'une collectivité que sa capacité d'expansion ; il apporte aux unes leur résolution, à l'autre sa dynamique, et autorise la conjonction – et même la fusion – des deux orientations de crise et d'expansion, dont il faut bien voir qu'elles peuvent prendre une forme aussi bien différentialiste qu'inégalitaire.

Il y a dans cette distinction de deux orientations un point essentiel, qui permet de rendre compte des ambivalences, déjà signalées, à l'œuvre dans le darwinisme social et l'eugénisme d'avant-guerre, ou de tracer une ligne de démarcation, dans la pensée raciale, entre des doctrinaires dominés par la hantise du déclin et de la décadence – tel Gobineau – et d'autres, plus optimistes ou contre-offensifs, capables de se tendre vers l'avenir avec une certaine confiance – tel Chamberlain. Il y a là aussi une clé décisive pour l'analyse de certaines expériences, comme on le constate à la lecture du travail de Robert D. Paxton et Michael R. Marrus sur Vichy et les Juifs[31]. L'idée centrale de ces auteurs, en effet, peut être résumée par leur théorie des trois cercles concentriques : le plus extérieur constitue une plage diffuse de sentiments hostiles aux Juifs, vagues et modérés ; le cercle intermédiaire ramasse des sentiments et des réactions plus intenses et plus instables, il forme une zone défensive qui croît en période de troubles ; le noyau central est fait d'un antisémitisme fanatique, obsessionnel, exhortant à l'action et à la célébration de sa propre race. Le deuxième et le troisième cercle de Paxton et Marrus correspondent assez bien à nos deux orientations du racisme communautaire : de crise et d'expansion, et l'intérêt de leur étude est de montrer comment le pire survient lorsque tout coalise – ce qui est le cas dans le nazisme allemand, mais aussi dans la France de Vichy, la Roumanie et sa Garde de fer ou la Hongrie et ses Croix fléchées[32].

6. Au-delà des mouvements communautaires

La conscience communautaire ne se transcrit pas nécessairement en action, et il est souvent excessif de parler de mouvement à propos du sentiment religieux ou d'appartenance à une nation, ou tout autre collectivité. Peut-on appliquer aux formes diffuses et moins actives de conscience communautaire les idées qui viennent d'être proposées ? La réponse sera ici nuancée, et passe d'abord par une distinction, selon que l'on considère les individus ou groupes extérieurs à un mouvement communautaire constitué, mais dans une situation où celui-ci joue un rôle important, ou les situations marquées par le caractère modeste ou inexistant d'un mouvement proprement dit.

Dans le premier cas, l'identité communautaire apporte des repères, un mode de structuration imaginaire, la base pour des processus cognitifs ou des représentations qui exercent un effet d'attraction bien au-delà des seuls acteurs engagés ou sympathisants. Elle constitue un lieu de sens visible et disponible, qui donne ou redonne une légitimité à l'expérience individuelle et collective; elle apporte un principe d'identification, mais aussi une autorisation à penser et à agir en fonction de ses catégories; elle lève des interdit moraux ou politiques; elle paralyse les opposants. Ceux qui s'installent sur les repères qu'elle dessine ne sont pas exclusivement ceux qui les mettent en forme ou cherchent directement à les transcrire en action; ils en suivent, de plus ou moins loin, les évolutions, ils sont traversés par les mêmes orientations du racisme, de crise ou d'expansion, mais de façon moins nette, avec éventuellement de l'excès, ou du défaut.

Dans le second cas, la conscience d'appartenance communautaire est moins active, elle est aussi moins structurée, moins prise en charge par des agents spécifiques susceptibles de la mettre en forme. Elle est taraudée par des évolutions qui la façonnent et la transforment – changements politiques, intercommunautaires, démographiques, sociaux –, et les repères qu'elle se crée elle-même sont plus flous. Les deux orientations du racisme communautaire y trouvent un terrain d'exercice limité, propice à un racisme éclaté et à des actions sans envergure ni stabilité, ou à l'expression de préjugés plus ou moins déconnectés de toute pratique concrète. Surtout, l'orientation vers un racisme de crise et de perte de sens y a un espace plus large que celle vers un racisme d'expansion, dont la dynamique appelle rapidement un passage au politique et à la formation d'une action.

Mais, même dans ce cas, il nous semble qu'il faut maintenir ce qui a été notre attitude constante : l'idée qu'est en jeu une relation entre deux types d'actions, aussi faibles qu'elles puissent paraître, entre un racisme éclaté et une conscience communautaire, et non entre deux catégories objectivées, entre race et communauté.

Conclusion

L'unité du racisme[1]

Le moment est venu d'apporter notre réponse à une question décisive : y a-t-il, ou non, unité du racisme, et, si oui, en quoi consiste-t-elle ?

Nous sommes parti des modes d'approche du phénomène, et notre analyse des principaux courants de pensée n'a apporté, de toute évidence, qu'une réponse négative à la question. La plupart du temps, celle-ci n'est pas posée, et le raisonnement ne rend compte, de façon plus ou moins satisfaisante, que de certaines expériences historiques, ou de certains de leurs aspects.

Les distinctions que nous avons introduites ensuite permettent l'examen des formes élémentaires du racisme, mais conduisent à l'élaboration de typologies bien plus qu'à l'image d'une quelconque unité. Elles précisent des différences dans les logiques et les niveaux de la haine, du mépris ou de la persécution, sans nous informer sur ce qui autorise à les penser dans leur totalité.

Enfin, en distinguant les sources sociales d'un côté, communautaires d'un autre côté, à partir desquelles l'espace du racisme est susceptible de s'élargir, nous n'avons pas davantage proposé une image unifiée du phénomène.

Mais il n'est pas possible de nous en tenir là.

I

Reprenons tout d'abord chacune des deux logiques fondamentales du racisme. Nous l'avons constamment constaté, elles ne cessent de s'entrecroiser, de se renvoyer l'une à l'autre, de se télescoper dès lors que l'expérience considérée revêt une certaine importance historique. L'infériorisation appelle l'exclusion, et vice versa. Même dans l'expérience nazie, la logique d'exclusion et de destruction, qui fut la plus décisive, n'a pas empêché qu'on s'efforce aussi, jusqu'au bout, d'utiliser des Juifs comme force de travail, et la place relative que cette logique a pu occuper au fil du temps est un élément central de débats historiographiques que vient de relancer, en France, la traduction du livre d'Arno Mayer sur *La « solution finale » dans l'histoire*[2].

S'il faut distinguer analytiquement infériorisation et différenciation, il faut aussi considérer que le racisme ne se déploie réellement que dans leur association, dans la référence simultanée – aussi contradictoire qu'elle puisse paraître – à une différence et à une inégalité, dans la tension nécessaire et plus ou moins insoluble entre l'appel à la division du corps social et celui à son unité.

Une logique exclusivement inégalitaire, ou exclusivement différentialiste, peut se rencontrer chez des doctrinaires ou des idéologues; mais à partir du moment où le racisme devient pratique, où il se transcrit en des expressions concrètes, limitées à des opinions et préjugés ou beaucoup plus actives, soit il appelle une combinaison des deux principes, soit il mène, dans ses développements les plus extrêmes, vers des conduites et des situations qui nous éloignent d'une définition biologisante de l'Autre.

L'infériorisation des plus démunis, si elle peut s'appuyer sur leur phénotype ou sur une définition de type raciste, aboutit soit à des formes de ségrégation raciale – et donc de différenciation –, soit à une exclusion dont les aspects les plus décisifs sont d'ordre social et économique, et non racial. C'est la force de William J. Wilson et des analystes américains et britanniques de l'*underclass* que d'avoir montré comment le problème noir (et pas seulement) est devenu, pour de larges masses, celui de la misère, de la non-participation, de la mise à l'écart, bien plus que du racisme proprement dit.

De même, le rejet différentialiste de l'Autre, sa mise à distance ou le conflit armé avec lui n'ont guère besoin d'une thématique biologique pour se développer : le refus culturel, l'affirmation nationaliste suffisent largement. Il faut qu'il y ait un minimum de présence sociale et économique de l'Autre, et donc une association avec un principe inégalitaire – même faible, voire mythique –, pour que la mise en avant d'une identité communautaire tourne à un processus de racisation. En elle-même, comme l'a affirmé Claude Lévi-Strauss dans sa célèbre conférence de 1971, la reconnaissance de la diversité des cultures ne porte aucun péril ; c'est quand elle fait place à l'affirmation de leur inégalité que surgit le racisme, indissociable du sentiment d'une supériorité fondée sur des rapports de domination.

C'est pourquoi il nous semble possible d'affirmer l'unité théorique du racisme, au-delà de sa grande hétérogénéité pratique : le racisme est un mode de gestion de deux principes (d'infériorisation et de différenciation), et ses diverses expressions concrètes ne sont qu'autant de modalités distinctes d'une biologisation qui résout la tension ou la contradiction entre ces deux principes. Lorsque cette tension est faible, les formes du racisme sont elles-mêmes partielles, ou dégradées ; lorsqu'elle est forte, on se rapproche d'un racisme total, fusionné ; et si le phénomène est dominé plutôt par l'un ou l'autre de nos deux principes, c'est parce qu'il s'inscrit dans des configurations où ce qui prime est plutôt la question sociale, ou plutôt la question nationale ou, plus largement, communautaire.

II

Cette affirmation de l'unité théorique du racisme peut être précisée à partir d'un examen complémentaire des processus sociaux et communautaires qui commandent l'élargissement de l'espace du phénomène. Pour des raisons là encore analytiques, nous avons distingué nettement le registre des transformations sociales et celui des mécanismes de centration ou de poussée communautaires : il faut maintenant indiquer que ces deux registres ne sont pas totalement indépendants et que le propre de nos sociétés est de chercher constamment, avec plus ou moins de bonheur, à les associer.

Cette idée peut d'abord être formulée en des termes encore assez proches de ceux que nous avons utilisés jusqu'ici, en notant la corrélation de la déstructuration des mouvements sociaux et de l'expansion des phénomènes communautaires.

Dans de nombreux pays, nous assistons, depuis une vingtaine d'années, au déclin inéluctable du mouvement ouvrier, en même temps qu'au retour de l'ethnicité, à l'affirmation du religieux, à la mise en avant d'identités retrouvées, renouvelées ou renforcées – nationales, régionales, culturelles notamment. La crise sociale se solde par la montée en puissance d'identités non sociales, et un pays comme la France n'est pas le seul à être dominé par la question nationale, après l'avoir été par la question sociale. Il y a une certaine unité des deux ordres de problèmes, puisque ce qui se joue sur un registre est largement informé par ce qui se joue sur l'autre.

Le drame de nos sociétés, aujourd'hui, est dans cette mutation douloureuse, où les deux registres semblent se compléter de façon déséquilibrée : dans le rétrécissement de l'action sociale et le renforcement de l'action communautaire. Et si le racisme semble constituer une menace plus réelle qu'il y a dix ou vingt ans, c'est bien parce qu'il vient, parmi d'autres phénomènes, traduire une évolution où nos sociétés non seulement basculent d'un registre vers l'autre, mais aussi deviennent moins capables qu'auparavant d'assurer l'intégration des deux registres. La France est ici une figure exemplaire de ce problème. D'un côté, l'effondrement du mouvement ouvrier laisse la place à une société qui se dualise, avec d'une part ses exclus et autres laissés-pour-compte de la transformation et d'autre part l'énorme ensemble de ceux qui, dans les couches moyennes et populaires, participent à l'emploi, à la consommation, et en tout cas ne sont pas entraînés dans la chute. Et, d'un autre côté, le thème de la nation occupe désormais une place centrale, en même temps que celui de la religion et de la culture – ne serait-ce que de manière réactive, face à l'islam devenu deuxième religion du pays. Comment ne pas voir que cette évolution déstabilise le modèle classique, affirmé surtout depuis la IIIe République, d'une France républicaine et laïque, d'une société nationale où l'État pouvait tout à la fois incarner la nation et la gestion d'une société industrielle[3] ?

Mais donnons une formulation plus générale de ce problème. D'une certaine façon, le mouvement ouvrier, tel que nous l'avons défini – comme un mouvement social luttant pour le contrôle du progrès –, n'est qu'une figure de la modernité, une illustration parmi d'autres de l'identification de nos sociétés à la raison et à l'universalisme. Dans cette perspective, sa déstructuration peut apparaître comme une des expressions de la crise de la modernité ; le racisme, dès lors, résulte de la conjonction de cette crise de la modernité et de la difficulté qui s'accroît d'associer les valeurs défaillantes du progrès et de la raison à une conscience communautaire, et en particulier nationale. Ce qui nous permet d'élargir notre perspective aux sociétés qui, sans avoir jamais connu de véritables mouvements sociaux, ont cherché, dans le monde entier, à s'identifier au progrès, à la raison et à un universalisme hérité des Lumières – y compris sous la forme d'idéologies révolutionnaires ou marxistes. Ce qui, surtout, nous conduit à voir en définitive l'unité du racisme sous l'angle de la dissociation qu'il exprime, entre la modernité et le particularisme de la nation ou, plus largement, de la communauté. Le racisme se développe dans la désintégration, ou l'impossible intégration de la raison et de la nation, des valeurs universelles et de la référence à une spécificité ; il trouve son espace propre dans la béance qui se creuse entre ces deux registres et dans l'effort pour la combler, sur un mode biologisant.

III

A partir d'une telle définition, il devient possible de proposer une typologie du racisme qui distingue trois principaux cas de figure, trois modalités particulières de ce phénomène de disjonction entre la modernité et l'appel à des valeurs communautaires.

Le premier cas de figure est celui où l'emportent des valeurs universalistes qui, au lieu de s'associer à des valeurs particularistes – nationales par exemple –, les combattent et les nient. Dans cette perspective, le racisme vient naturaliser tout ce qui n'est pas identifié à la modernité, ou qui lui résiste, ou qui tarde à y participer. Il exprime la modernité triomphante – lorsqu'elle se lance, par exemple, dans des aventures coloniales et, plus encore, lorsqu'elle développe des rapports de domination coloniale. Il est alors porté par des élites économiques, politiques, voire religieuses, bien plus que diffusé dans des milieux populaires.

Le deuxième cas de figure est symétrique ; c'est celui, en effet, où un groupe refuse la modernité, y résiste, tant il se sent menacé par elle ou déraciné. Le racisme, ici, exprime la résistance d'un particularisme face aux valeurs universelles de la modernité, qui vont être identifiées à un groupe qui les symbolise de façon maléfique. Le Juif a constamment, depuis un siècle, incarné cette modernité destructrice, anonyme, cosmopolite, sans racines – même si parfois aussi l'antisémitisme s'en prend plutôt au Juif dans ce qu'il a de plus traditionnel et de plus visible. Ajoutons que, ici, le racisme est socialement indéterminé, et qu'il peut être porté aussi bien par des acteurs populaires que par des élites.

Enfin, un troisième cas de figure est donné par les situations intermédiaires, dans lesquelles le groupe racisant ne bascule pas nettement du côté de l'universalisme contre le particularisme, ou l'inverse, mais est plutôt défini par un processus qui tend à l'exclure d'une modernité avec laquelle il ne souhaite pas rompre pour autant. L'acteur raciste, ici, perd ses repères sociaux, ou risque de les perdre ; il a peur d'être en chute, nié dans son identité sociale, dans son appartenance au monde moderne, au travail et à l'emploi, à la production et à la consommation, et se replie sur d'autres repères, communautaires ou biologiques. Dans ce mouvement de bascule, le racisme prend l'allure d'un rapport social perverti, qui cherche à inférioriser l'Autre en même temps qu'il tend à l'exclure ou à le détruire ; il est le fait d'acteurs populaires qui fonctionnent sur le modèle des « petits Blancs ». Le rejet des prolétaires noirs par les ouvriers blancs, les émeutes *northern style* dont parle Grimshaw sont des variantes de ce cas de figure.

Ces trois cas de figure peuvent être hiérarchisés. Non pas pour établir une quelconque gradation dans l'abject, mais parce qu'ils correspondent à une plus ou moins grande radicalisation des acteurs. Celle-ci n'est jamais aussi extrême que lorsqu'un particularisme s'oppose à la pénétration de la modernité ou à la diffusion de valeurs universelles. Elle est déjà moins affirmée lorsque l'acteur résiste à l'exclusion du champ de la modernité, et à la chute sociale, et s'installe sur des repères communautaires sans que ceux-ci constituent son unique horizon. Elle est encore moins tranchée lorsque prime l'universalisme de la raison et du progrès – comme dans le racisme colonial de la IIIe République française, qui se donnait pour devoir, comme disait Jules Ferry, de « civiliser les races inférieures[4] », et donc de les sortir de leur naturalité.

Ainsi, il nous semble possible, en définitive, d'affirmer l'unité du racisme. Celle-ci procède de la nécessaire combinaison de ses deux logiques fondamentales : d'infériorisation et de différenciation, tout comme elle relève d'une disjonction entre des références universalistes et des valeurs particularistes.

Conclusion

L'analyse des conditions d'extension du racisme laisse assurément dans l'ombre bien des aspects du phénomène, et peut-être même les plus troublants. Elle ne dit pas grand-chose de la nature anthropologique du mal, qui apparaît plus comme une virtualité que dans ses fondements les plus profonds – si tant est qu'on puisse les référer à un quelconque invariant humain, qu'il soit individuel ou collectif. Elle se refuse à faire du racisme un attribut de certaines cultures, de certaines sociétés, de certaines religions – comme, par exemple, lorsqu'on explique que le catholicisme aurait joué un autre rôle que le protestantisme dans la mise en place du racisme colonial. Et elle semble inscrire le phénomène dans la courte durée, dans les phases de mutation sociétale, dans les transformations qui affectent une conscience communautaire, en laissant de côté la formidable épaisseur historique qui confère à bien des expériences à la fois leur permanence et une part de leur dynamisme.

Ces limites – et la liste n'en est assurément pas exhaustive – fixent en fait l'espace d'une sociologie du racisme. Celui-ci est une *action*, avec ses formes élémentaires, ses représentations, ses conduites actives, ses expressions politiques, ses modes de mobilisation ; avec également son histoire, ses grands récits, sa mémoire, son emprise variable selon les époques et les sociétés, ses inflexions ou ses fluctuations, ses leaders et ses doctrinaires ; avec aussi ses opposants, plus ou moins explicitement antiracistes. Mais ce n'est pas une action qu'on peut étudier en elle-même, abstraction faite d'autres actions. On peut l'isoler, certes, on doit lui reconnaître sa spécificité, en dégager les formes élémentaires, les logiques propres ; mais le racisme n'est une force nue, une signification pure que dans les cas extrêmes, où tout autre sens est aboli. Le plus souvent, il progresse en fonction de deux lignes de pente, et de leur conjonction, dans la dégradation des rapports sociaux ou la difficulté des mouvements sociaux à se former, dans les modifications de l'action et de la conscience communautaire et, plus largement, dans leur disjonction. C'est pourquoi il nous a semblé utile de l'inscrire dans un champ triangulaire – balisé à un sommet par le racisme lui-même, à un deuxième par les mouvements sociaux, au troisième par les mouvements communautaires – et d'examiner les principales relations qui se jouent dans cet espace, proprement sociologique.

Espace que nous ne sommes pas les premiers à construire ainsi, puisqu'une importante tradition intellectuelle et politique circule entre les trois pôles qui viennent d'être rappelés – race, classe et nation, disent par exemple Balibar et Wallerstein dans leur ouvrage déjà cité, au titre et au dessin de couverture tout à fait explicites. Espace, surtout, à partir duquel nous avons pu préciser un outillage conceptuel qui devrait permettre d'analyser des expériences précises de racisme.

L'extension du racisme s'opère sur fond de décomposition, d'absence ou d'inversion des mouvements sociaux et, plus largement, de crise de la modernité ? Étudions l'état des mouvements sociaux, leurs transformations, leur capacité à structurer plus ou moins fortement les conduites individuelles et collectives, à proposer des repères, un principe d'organisation de la vie sociale ; étudions la crise des valeurs universelles, de la raison, de l'idée de progrès. Celle-ci est difficilement dissociable de références communautaires, d'appels à la nation, à la foi, à une identité non sociale ? Étudions les phénomènes de poussée ou de rétraction identitaire, leurs inflexions, les matériaux historiques ou sacrés dans lesquels ils puisent, ou qu'ils inventent.

Et, puisqu'elle a surtout à voir avec la dissociation du social et du communautaire, et, plus largement, de l'universel et du particulier, étudions également les modes de gestion conjointe du sens, les efforts artificiels pour associer, dans des figures telles que le populisme, classe et nation, projet social et visée communautaire ; étudions aussi, et surtout, les modalités d'une racisation qui entérine cette dissociation.

Mais reprenons ce livre à rebours, un peu plus loin en sens inverse. Le racisme, à l'intérieur du triangle qui en définit l'espace sociologique, n'obéit pas à une logique unique ; il se déploie selon deux axes distincts, et n'est pas le même selon qu'il est ou non installé au niveau politique ? Il peut être partiel, ou total – ou, si l'on préfère, plutôt inégalitaire ou plutôt différentialiste ? Sachons reconnaître, dans une expérience donnée, la domination de l'une ou l'autre de ces logiques, et surtout les modalités de leur conjonction, ou du passage de l'une à l'autre. Il peut être éclaté, ou tendre à la fusion ? Examinons les conditions politiques d'une éventuelle montée au niveau politique, le rôle des opérateurs de cette montée, la dynamique spécifique qu'elle instaure.

On demande souvent à quoi servent les sciences sociales. La réponse que ce livre a tenté d'apporter est tranchée. Nous n'avons pas voulu céder à l'air du temps, apostropher les organisations et les militants antiracistes, et encore moins nous engager dans une critique de leur action – pourtant nécessaire à bien des égards. Il nous est apparu préférable d'élaborer des instruments d'analyse susceptibles de guider, sur le terrain, ceux qui souhaitent apporter des connaissances précises sur les processus les plus déterminants par lesquels se répand le mal. Ces instruments ne valent que par les démonstrations qu'ils autorisent, par le surcroît d'intelligibilité qu'ils apportent lorsqu'on les applique à des réalités historiques : autant dire que ce livre prépare et annonce des travaux de recherche beaucoup plus concrets.

Ces instruments sont-ils susceptibles d'améliorer non seulement la connaissance, mais aussi l'action; d'aider à élaborer des politiques antiracistes ? Une réponse précise exigerait de nouveaux développements, un examen serré des pratiques en la matière et de l'abondante littérature, surtout anglo-saxonne, qui témoigne de la diversité des actions possibles, nationales ou locales, générales ou sectorielles, ainsi que des controverses sur les moyens, sinon sur les fins[1]. Ce qui excède la taille et les enjeux de ce livre.

Pourtant, il nous semble possible, en conclusion, de ne pas nous en tenir à des formules généreuses, mais incantatoires, demandant qu'on s'appuie sur la raison et sur l'éthique pour faire reculer le racisme.

Nous venons de rappeler toute l'importance que revêt, pour l'analyse, la distinction entre deux niveaux : politique et infrapolitique. Un tel rappel suggère que le phénomène peut, et doit, être combattu par des politiques actives, par des mesures législatives et réglementaires, par des efforts qui peuvent être directs et explicites, mais qui peuvent aussi prendre en charge le problème indirectement, à la limite sans le nommer – à travers par exemple des politiques urbaines ou scolaires. Mais si nos analyses sont fondées, elles constituent aussi, et surtout, une invitation à situer la réflexion sur l'action en amont du système politique, des institutions et de l'État, et à considérer avant tout l'état des rapports sociaux et des forces communautaires dans les sociétés envisagées.

Si le racisme est une action qui procède de la faiblesse des mouvements sociaux, et des phénomènes de poussée ou de centration communautaires – les seconds étant eux-mêmes conditionnés par la première –, ne faut-il pas penser que tout ce qui renforce les mouvements sociaux et, plus largement, l'espace des rapports proprement sociaux ne peut que rétrécir celui du racisme ? Cette hypothèse peut paraître paradoxale. N'avons-nous pas, à plusieurs reprises, tracé par exemple un lien entre le racisme et les rapports de domination qui structurent la société américaine ? Le paradoxe, en réalité, n'est qu'apparent. Le problème n'est évidemment pas d'en appeler au renforcement de tels rapports ; il est de plaider pour la conflictualisation, sur un mode social, de tensions et de difficultés qui sont trop souvent ou trop largement vécues sur un mode non social – communautaire ou racial notamment. Un exemple peut nous aider à illustrer cette idée : celui de l'éducation dans un pays comme la France contemporaine. Plus le problème de l'école est vécu comme celui de l'immigration ou de l'islam, et plus on observe d'un côté des comportements individuels qui mettent en place une ségrégation de fait, d'un autre côté du ressentiment de la part de ceux qui, français « de souche », n'ont pas les moyens de sortir leurs enfants d'écoles à fort taux d'immigrés, d'un autre côté encore des explosions médiatiques et politico-idéologiques – telle l'affaire du « voile islamique[2] », où se révèlent peur, angoisse et parfois aussi racisme ou xénophobie plus ou moins latents. Ne peut-on pas souhaiter que la question soit déplacée plus nettement vers des débats sur la finalité de l'éducation, vers des conflits et des contestations autour de ce que l'école fabrique, autour de la pédagogie, de l'échec scolaire, des orientations de la formation ou de l'autonomie des établissements scolaires ?

On ne change pas la société par décret, a affirmé très justement Michel Crozier[3], on ne crée pas non plus des mouvements ou des rapports sociaux par le simple fait de les souhaiter. Mais comment ne pas voir que, en mille et une circonstances, les problèmes et les tensions qui surgissent peuvent fort bien – selon qu'ils sont vécus, pensés et gérés sur le registre de la rupture, de la non-relation, de la violence, ou sur celui du conflit social et de la négociation –

participer à la production du racisme, ou à celle d'une action qui l'exclut ? Comment ne pas voir qu'il suffit de bien peu, très souvent – de l'intervention de quelques enseignants, d'une poignée de travailleurs sociaux, d'une association de quartier, de militants syndicalistes –, pour qu'une situation difficile se modifie dans un sens ou dans un autre, pour qu'émergent ou s'imposent des acteurs sociaux, ou qu'au contraire se renforcent les tendances à l'antimouvement, à la fermeture communautaire, au racisme ?

Encore faut-il ne pas opposer trop sommairement construction de rapports sociaux et processus de centration identitaire. Partout où il existe de fortes identités, des consciences communautaires, il est absurde, artificiel et injuste de vouloir les broyer au nom de la modernité, et la meilleure réponse aux tendances racistes qu'ils peuvent porter consiste, plutôt qu'à les rejeter, à encourager tout ce qui permet de les arrimer à des valeurs universalistes. Le racisme, on l'a vu, s'étend dans la disjonction du social et du communautaire, de la raison et de l'identité nationale ou religieuse, alors que son espace se réduit lorsque certains liens s'établissent entre ces deux registres. C'est pourquoi il faut soutenir avec sympathie les efforts dans lesquels des acteurs résistent à cette disjonction et cherchent à inventer des formules d'intégration où la référence à un être collectif n'interdit nullement l'appel au progrès et à la participation à la modernité.

Notes

Avant-propos

1. Commission nationale consultative des droits de l'homme, *Rapport au Premier ministre sur la lutte contre le racisme et la xénophobie*, Paris, 1989.

2. Rappelons que, à Aix-les-Bains, le scandale a été déclenché, en novembre 1989, par les élus de l'opposition, les Juifs de la ville étant critiqués pour leur non-intégration à la vie locale, et donc pour leur différence et leur visibilité. A Carpentras, des tombes du cimetière juif ont été profanées en mai 1990, et un cadavre exhumé et maltraité.

3. Pierre-André Taguieff, *La Force du préjugé. Essai sur le racisme et ses doubles*, Paris, La Découverte, 1988 ; Étienne Balibar, Immanuel Wallerstein, *Race, Classe, Nation. Les identités ambiguës*, Paris, La Découverte, 1989 ; Nonna Mayer, Pascal Perrineau (éds), *Le Front national à découvert*, Paris, FNSP, 1989.

4. Pour une image complète de l'œuvre de Roger Bastide, cf. « Roger Bastide. Bibliographie », *Cahiers d'anthropologie*, numéro spécial, 1978 ; d'Albert Memmi, cf. notamment *Portrait du colonisé*, Paris, Payot, 1973 ; *Les Français et le Racisme* (avec P.-H. Maucorps et J.-F. Held), Paris, Payot, 1965 ; Colette Guillaumin, *L'Idéologie raciste. Genèse et langage actuel*, La Haye, Mouton, 1972.

5. Cf. le bilan proposé par François Dubet, *Immigrations : qu'en savons-nous ? Un bilan des connaissances*, Paris, La Documentation française, 1989.

6. Cf. Gunnar Myrdal, *An American Dilemma. The Negro Problem and Modern Democracy*, New York, Harper and Row, 1944, 2 vol.

7. Cf. Didier Lapeyronnie, Marcin Frybes, *L'Intégration des minorités immigrées. Étude comparative France-Grande-Bretagne*, Paris, ADRI-BIT, 1990.

Première partie

Introduction

1. Albert Jacquard, J.-B. Pontalis, « Entretien : une tête qui ne convient pas », *Le Genre humain*, n° 11, 1984-1985, p. 15.

2. Gérard Lemaine, Benjamin Matalon, *Hommes supérieurs, Hommes inférieurs? La controverse sur l'hérédité de l'intelligence*, Paris, Armand Colin, 1985.

3. Alain de Benoist, « Racisme : remarques autour d'une définition », *in* A. Bégin, J. Freund (éds), *Racismes, Antiracismes*, Paris, Klincksieck, « Méridiens », 1986, p. 203-251.

4. Colette Guillaumin, *L'Idéologie raciste, op. cit.*, p. 63.

Chapitre 1

1. Christian Delacampagne, *L'Invention du racisme*, Paris, Fayard, 1983.

2. Cf. Carl von Linné, *L'Équilibre de la nature*, Paris, Vrin, 1972.

3. On trouvera chez Tzvetan Todorov (*Nous et les Autres*, Paris, Éd. du Seuil, 1989) des développements intéressants sur cette pensée classificatoire et, entre autres, sur Buffon – dont *L'Histoire naturelle* exerça une influence considérable et pour qui les hommes, s'ils appartiennent à une seule et même espèce, puisque tous peuvent procréer ensemble, se caractérisent par des différences où les traits physiques sont indissociables des mœurs ou de la culture. Buffon, note Todorov, « considère l'existence des races comme une évidence, il affirme la solidarité du physique et du moral, il sous-entend la détermination de l'individu par le groupe » (p. 126).

4. Gustave Le Bon, *Lois psychologiques de l'évolution des peuples*, Paris, Alcan, 1894.

5. Arthur de Gobineau, *Essai sur l'inégalité des races humaines*, Paris, Firmin-Didot, 1940 (1re éd. 1852).

6. Georges Vacher de Lapouge, *L'Aryen. Son rôle social*, Paris, A. Fontemoing, 1899.

7. Cf. *The American Journal of Sociology*, qui publie le texte de deux de ses conférences (vol. X, n° 1, juillet 1904, p. 1-25, et vol. XI, juillet 1905, p. 11-25), ainsi que de larges extraits de la discussion – dans laquelle certains s'opposent nettement à Galton (H. G. Wells, Max Nordau notamment), mais où d'autres résistent moins : Tönnies exprime des réserves, mais considère que « le point décisif est d'accepter intellectuellement l'eugénisme comme une étude souhaitable et très importante » (p. 292), Bertrand Russell est « entièrement d'accord avec l'idée que les coutumes de mariage devraient être modifiées dans un sens eugénique » (p. 288).

8. Houston Stewart Chamberlain, *La Genèse du XIXe siècle*, Paris, Payot, 1913, 2 vol. (1re éd. 1902).

9. Cf. Michael Graetz, *Les Juifs en France au XIXe siècle*, Paris, Éd. du Seuil, 1989, p. 352-353. On rencontre encore, à la veille de la Seconde Guerre mondiale, des intellectuels juifs développant une pensée raciale relative aux Juifs. C'est le cas, notamment, d'un sioniste, Arthur Ruppin, travaillant comme démographe pour le compte de l'Agence juive en Palestine et qui a recours à l'anthropologie physique pour définir une identité juive qui ne soit pas religieuse ; cf. son livre, *Les Juifs dans le monde moderne*, Paris, Payot, 1934, et, sur le personnage, Jacob Katz, « Misreading of Anti-Semitism », *Commentary*, n° 76, juillet 1983, p. 39-44. Ajoutons – et le problème est immense – que la façon même dont les Juifs conçoivent le plus souvent la transmission de la judéité (par la mère) est d'ordre biologique.

10. Cf., par exemple, Stephen Jay Gould, *The Mismeasure of Man*, New York, W. W. Norton, 1981 ; Michael Banton, *The Idea of Race*, Londres, Tavistock, 1977, et *Racial Theories*, Cambridge, Cambridge University Press, 1987 ;

Léon Poliakov, *Histoire de l'antisémitisme*, Paris, Calmann-Lévy, 4 vol., 1955, 1961, 1968 et 1977. Cf. aussi, à bien des égards, Pierre-André Taguieff, *La Force du préjugé*, *op. cit.* Pour une version bien documentée, et très proche des thèses actuelles de l'extrême droite : Jean-Pierre Hébert, *Race et Intelligence*, Paris, Copernic, 1977.

11. Cf., par exemple, Utz Seggle, « L'ethnologie de l'Allemagne sous le régime nazi », *Ethnologie française*, n° 2, 1988, p. 114-119 ; et, dans la même livraison, Édouard Conte, « Le confesseur du dernier Habsbourg et les nouveaux païens allemands. A propos de Wilhelm Schmidt », p. 120-130. Sur la médecine : Robert Jay Lifton, *The Nazi Doctors*, New York, Basic Book, 1986 ; et Benno Müller-Hill, *Science nazie, Science de mort. L'extermination des Juifs, des Tsiganes et des malades mentaux de 1933 à 1945*, Paris, Odile Jacob, 1989 (1re éd. 1984).

12. Sur l'archéologie, cf. Alain Schnapp, « Archéologie, archéologues et nazisme », *in* Maurice Olender (éd.), *Le Racisme. Mythes et sciences*, Bruxelles, Complexe, 1981, p. 289-316, et, du même auteur, « L'idée de race et l'archéologie », *Ethnologie française*, n° 2, 1988, p. 182-187.

13. Y compris dans la pensée de gauche, socialiste, anarchiste (Proudhon) et communiste, comme en témoigne le texte célèbre et très controversé de Karl Marx, *La Question juive*, Paris, UGE, 1968 (1re éd. 1843).

14. Cf. Pierre-André Taguieff, *La Force du préjugé*, *op. cit.*, p. 395.

15. Gabriel Tarde, *Les Lois de l'imitation. Étude sociologique*, Genève, Slatkine, 1979 (1re éd. 1895).

16. Claude Lévi-Strauss, *Le Regard éloigné*, Paris, Plon, 1983, p. 36.

17. Ludwig Gumplowicz, *La Lutte des races*, Paris, Guillaumin, 1893 (1re éd. 1883).

18. Cité par Yves Chevalier, *L'Antisémitisme*, Paris, Éd. du Cerf, 1988, p. 48. Cf. néanmoins, sur le thème de la race chez Durkheim, le chapitre « Race and Society : Primitive and Modern » du livre de Steve Fenton, *Durkheim and Modern Sociology*, Cambridge, Cambrige University Press, 1984.

19. Alexis de Tocqueville, *De la démocratie en Amérique*, Paris, Gallimard, « Idées », 1980 (1re éd. 1835-1840), p. 203.

20. *Ibid.*, p. 207.

21. *Ibid.*, p. 199.

22. On trouvera plusieurs illustrations de cette position claire et ferme de Max Weber dans Freddy Raphaël, *Judaïsme et Capitalisme. Essai sur la controverse entre Max Weber et Werner Sombart*, Paris, PUF, 1982. Cf. également Colette Guillaumin et Léon Poliakov, « Max Weber et les théories bio-raciales du XXe siècle », *Cahiers internationaux de sociologie*, n° 56, 1974, p. 115-126.

23. Max Weber, *Économie et Société*, Paris, Plon, 1971 (1re éd. 1921), p. 418-419.

24. *Ibid.*, p. 411-412.

25. John Gabriel, Gideon Ben-Tovim, « The Conceptualisation of Race Relations in Sociological Theory », *Ethnic and Racial Studies*, vol. II, n° 2, avril 1979, p. 190-212.

26. Cf. Colette Guillaumin, qui a bien vu que, en ce qui concerne sciences humaines et sciences naturelles, « Alexis de Tocqueville n'a jamais fait de confusion entre les deux champs, Max Weber s'est pathétiquement débattu contre l'assimilation des deux domaines » (« Sciences sociales et définition du terme *race* », *L'Idée de race dans la pensée politique française*, P. Guiral, E. Temime (éds), Paris, CNRS, 1977).

27. Henry Hughes, *Treatise on Sociology, Theoretical and Practical*, Philadelphie, 1854 ; George Fitzhugh, *Sociology for the South* : *Or the Failure of the*

Society, Richmond, 1854. Pour tout ce paragraphe, je m'inspire de E. Franklin Frazier, « Sociological Theory and Race Relations », *American Sociological Review*, vol. 12, n° 3, 1947, p. 265-271, ainsi que de E. B. Reuter, « Racial Theory », *The American Journal of Sociology*, vol. 50, n° 6, 1945, p. 452-461.

28. E. B. Reuter, « Racial Theory », art. cité, p. 453.

29. Grove S. Dow, *Society and Its Problems*, New York, 1920.

30. Cf., par exemple, l'importante polémique autour du livre de Carl Brigham, *A Study of American Intelligence* (Princeton, Princeton University Press, 1923), qui rend compte de tests psychologiques passés auprès de soldats de l'armée américaine, et suggère une explication raciale des différences observées, notamment en ce qui a trait à l'intelligence moins grande des nouveaux immigrants. Cf. également M. R. Neifeld, « The Race Hypothesis », *The American Journal of Sociology*, vol. XXXII, n° 3, 1926, p. 423-432.

31. Cf., par exemple, outre Frazier et Reuter déjà cités, William Julius Wilson, *The Declining Significance of Race*, Chicago, Chicago University Press, 1978 ; et Thomas F. Pettigrew (éd.), *The Sociology of Race Relations : Reflection and Reform*, New York, New York Free Press, 1980 – même si, dans cet ouvrage, les textes retenus n'illustrent pas vraiment cette idée présentée pourtant très explicitement ; R. Fred Wacker, *Ethnicity, Pluralism and Race : Race Relations Theory in America Before Myrdal*, Greenwood, 1983, qui parle d'une période « racialiste » jusqu'en 1920, etc.

32. Madison Grant, *The Passing of a Great Race*, New York, Scribner's, 1916 ; Lothrop Stoddard, *The Rising Tide of Colour Against White World Supremacy*, New York, Scribner's, 1920.

33. Lester F. Ward, *Pure Sociology*, New York, 1921 ; William G. Sumner, *Folkways*, Lexington, Ginn, 1906 ; Charles H. Cooley, « Genius, Fame and Comparisons of Races », *The Annals of the American Academy of Political and Social Science*, vol. IX, mai 1897, p. 1-42, et *Social Organization*, New York, Shocken Books, 1962 (1re éd. 1932).

Chapitre 2

1. L'article qui a véritablement lancé le débat est celui de Horace Kallen, « Democracy Versus the Melting Pot », publié pour la première fois en 1915 et repris dans *Culture and Democracy in the United States*, New York, Boni and Liveright, 1924. Sur le débat à propos du *non-melting pot* américain, cf. Stephen Steinberg, *The Ethnic Myth. Race, Ethnicity and Class in America*, Boston, Beacon Press, 1981.

2. W. E. B. Du Bois, *The Philadelphia Negro : A Social Study*, Philadelphie, The University of Pennsylvania Press, 1899.

3. Sur l'importance de Franz Boas, cf. notamment Gunnar Myrdal, *An American Dilemma*, *op. cit.* ; et Gilberto Freyre, *Maîtres et Esclaves*, Paris, Gallimard, 1974 (1re éd. 1933). La citation de Boas est empruntée à Maurice Olender, « La chasse aux évidences », *Le Racisme. Mythes et sciences*, *op. cit.*, p. 228. Notons qu'on a pu signaler des formulations ambiguës sur la race dans la première édition du livre de Franz Boas, *The Mind of Primitive Man* (New York, The Mac Millan Company, 1911), qui disparaissent dans l'édition de 1938.

4. Lester F. Ward, *Pure Sociology*, *op. cit.*

5. Charles H. Cooley, « Genius, Fame and Comparisons of Races », art. cité. Ce texte est repris dans *Sociological Theory and Social Research*, New York, 1930, p. 121-159.

6. Sur les problèmes raciaux, tels qu'ils apparaissent dans l'œuvre de Park, cf.

notamment le chapitre « Racial Conflicts », *in* Robert E. Park, Ernest W. Burgess (éds), *Introduction to the Science of Sociology*, New York, Greenwood Press, 1924, p. 619-634, et de nombreux articles réunis après sa mort sous le titre *Race and Culture*, Glencoe (Ill.), The Free Press, « Collected papers », 1950, vol. I. Sur les variations qu'on peut observer chez lui, cf. notamment E. Franklin Frazier, « Sociological Theory and Race Relations », art. cité, p. 269-270.

7. Bertram W. Doyle, *The Etiquette of Race Relations in the South*, Chicago, University of Chicago Press, 1937 ; cf. Robert E. Park, *Race and Culture, op. cit.*, notamment p. 184.

8. *Ibid.*, p. 227.

9. Cf. Chicago Commission on Race Relations, *The Negro in Chicago*, Chicago, University of Chicago Press, 1922. Pour une analyse de l'engagement et du rôle de Robert E. Park, cf. Martin Bulmer, « Charles S. Johnson, Robert E. Park and the Research Methods of the Chicago Commission on Race Relations, 1919-1922 : An Early Experiment in Applied Social Research », *Ethnic and Racial Studies*, vol. IV, n° 3, juillet 1981, p. 289-306.

10. Robert E. Park, *Race and Culture, op. cit.*, p. 81.

11. *Ibid.*, p. 81. Cette idée sera ensuite largement développée par divers auteurs, et notamment Herbert Blumer – cf., par exemple, de cet auteur : « Race Prejudice as a Sense of Group Position », *Pacific Sociological Review*, n° 1, 1958, p. 3-7.

12. Ladner cite quelques phrases de *Introduction to the Science of Sociology* (*op. cit.*, p. 138-139), dans lesquelles Park et Burgess décrivent le « tempérament » du Noir, ses caractéristiques distinctives, transmises biologiquement, ses dispositions à l'expressivité plus qu'à l'entreprise et à l'action, etc. (Joyce A. Ladner (éd.), *The Death of White Sociology*, New York, Vintage Books, 1973, p. XXI-XXII).

13. Everett C. Hughes, Helen MacGill Hughes, *Where Peoples Meet. Racial and Ethnic Frontiers*, Westport (Conn.), Greenwood Press, 1981 (1re éd. 1952), p. 19.

14. *Ibid.*, p. 51.

15. Robert E. Park, « Human Migration and the Marginal Man », *The American Journal of Sociology*, n° 6, mai 1928, p. 890.

16. Robert E. Park, « The Basis of Race Prejudice », *The American Negro. The Annals of the American Academy of Political and Social Sciences*, vol. 140, novembre 1928, p. 13 (cité par Frazier, « Sociological Theory and Race Relations », art. cité, p. 169, et par Myrdal, *An American Dilemma, op. cit.*, p. 662).

17. Sur la critique de la notion de race, telle qu'elle apparaît dans les *race relations*, cf. notamment Robert Miles, « Beyond the Race Concept : the Reproduction of Racism in England », *in* M. de Lepervanche, G. Bottomley (éds), *The Cultural Construction of Race*, Sydney, Sydney Association for Studies in Society and Culture, 1988, p. 7-31.

18. Robert E. Park, « The Basis of Race Prejudice », art. cité, p. 20.

19. Cf. W. Lloyd Warner, « American Caste and Class », *American Journal of Sociology*, vol. 42, n° 2, 1936, p. 234-237 ; W. Lloyd Warner, Introduction à Allison Davis, Burleigh B. et Mary R. Gardner, *Deep South ; A Social Anthropological Study of Caste and Class*, Chicago, The University of Chicago Press, 1941, p. 10.

20. W. E. B. Du Bois, *Dusk of Dawn ; An Essay toward an Autobiography of a Race Concept*, New York, Harcourt, Brace and Co, 1940, p. 183 ; Gunnar Myrdal, *An American Dilemma, op. cit.*, p. 691-693 ; Oliver Cox, « The Modern Caste School of Race Relations », *Social Forces*, n° 21, décembre 1942, p. 218-226.

21. Cf. Michael Banton, *Racial Theories, op. cit.*, p. 100.
22. Cf., en particulier, William Julius Wilson, *The Declining Significance of Race, op. cit.*
23. Allison Davis *et al.*, *Deep South, op. cit.*; John Dollard, *Caste and Class in a Southern Town*, Madison, University of Wisconsin Press, 1988 (1re éd. 1937).

Chapitre 3

1. John Dollard, *Caste and Class in a Southern Town, op. cit.*, p. 441.
2. *Ibid.*, p. x. Dans sa préface à l'édition de 1957, Dollard rend hommage à Edward Sapir et à son séminaire de Yale sur l'impact de la culture sur la personnalité.
3. Eugene L. Horowitz, « The Development of Attitude toward the Negro », *Arch. Psychol.*, n° 194, janvier 1936, p. 34-35 (cité par John Dollard, *Cast and Class in a Southern Town, op. cit.*, p. 445).
4. John Dollard, *Cast and Class in a Southern Town, op. cit.*, p. 445.
5. Gunnar Myrdal, *An American Dilemma, op. cit.*
6. *Ibid.*, p. I-XIX.
7. *Ibid.*, p. I-XXIII.
8. *Ibid.*, p. 41.
9. Ralph Ellison, *Invisible Man*, New York, Random House, 1952.
10. Gunnar Myrdal, *An American Dilemma, op. cit.*, p. 68.
11. Cf. Pierre-André Taguieff, *La Force du préjugé, op. cit.*, p. 348-354.
12. Gunnar Myrdal, *An American Dilemma, op. cit.*, chap. 45.
13. Cf. Michael Banton, *The Idea of Race, op. cit.*, p. 126.
14. Cf. notamment de ces auteurs : Hans Eysenck, *The Psychology of Politics*, Londres, Routledge and Kegan Paul, 1954 ; Gordon W. Allport, *The Nature of Prejudice*, Reading (Mass.), Addison-Wesley, éd. du XXVe anniversaire, 1987 (1re éd. 1954) ; Otto Klineberg, « Race et psychologie », *Le Racisme devant la science*, Paris, UNESCO-Gallimard, 1960, et *Psychologie sociale*, Paris, PUF, 2 vol. (1957 et 1959).
15. Bruno Bettelheim, Morris Janowitz, *Social Change and Prejudice*, New York, The Free Press, 1964 ; Leo Lowenthal, Norbert Guterman, *Prophets of Deceit, A Study of the Technics of the American Agitator*, New York, Harper and Brothers, 1949.
16. Theodor Adorno *et al.*, *The Authoritarian Personality*, New York, Harper and Brothers, 1950.
17. *Ibid.*, p. 6.
18. Milton Rokeach, *The Open and Closed Mind*, New York, Basic Books, 1960.
19. Jean-Paul Sartre, *Réflexions sur la question juive*, Paris, Gallimard, 1954.
20. Theodor Adorno, *The Authoritarian Personality, op. cit.*, p. 5.
21. Jean-Paul Sartre, *Réflexions sur la question juive, op. cit.*, p. 173.
22. Gordon W. Allport, *The Nature of Prejudice, op. cit.*, p. 9.
23. J.-B. Pontalis, Albert Jacquard, « Entretien. Une tête qui ne revient pas », art. cité, p. 15-28.
24. Julia Kristeva, *Étrangers à nous-mêmes*, Paris, Fayard, 1988, p. 283.
25. Cf., par exemple, François Jacob : « Ce que peut finalement affirmer la biologie est que :

« – le concept de race a perdu toute valeur opératoire, et ne peut que figer notre vision d'une réalité sans cesse mouvante,

« – le mécanisme de transmission de la vie est tel que chaque individu est unique, que les individus ne peuvent être hiérarchisés, que la seule richesse est collective : elle est faite de la diversité. Tout le reste est idéologie » (« Biologie – racisme – hiérarchie », *Le Racisme. Mythes et sciences, op. cit.*, p. 109).

26. Une quatrième dimension de cet éclatement aurait pu être donnée par des propositions imputant le racisme non pas au groupe racisant, mais au groupe racisé. Ce point de vue, lui-même très proche du discours raciste le plus élémentaire, peut témoigner, lorsqu'il est défendu par un membre du groupe racisé, d'une certaine aliénation. Il n'a en fait jamais eu beaucoup de force dans les sciences sociales, et même un homme comme Bernard Lazare – qui l'a soutenu dans *L'Antisémitisme, son histoire et ses causes* (Paris, Jean Crès, 1894), expliquant l'origine de l'antisémitisme à partir de la volonté des Juifs de rester séparés – est revenu sur cette idée dans des écrits postérieurs. Mais, comme nous l'avons déjà indiqué, il est vrai aussi que la transmission de la judéité, selon la loi juive, relève elle-même d'un principe biologique.

Chapitre 4

1. Hannah Arendt, *The Origins of Totalitarianism*, New York, 1951. Je cite d'après la traduction française du volume II, *L'Impérialisme*, Paris, Fayard, 1982, chap. II, « Penser la race avant le racisme », p. 70.
2. *Ibid.*, p. 71.
3. *Ibid.*, p. 89.
4. *Ibid.*
5. *Ibid.*
6. *Ibid.*, p. 108.
7. *Ibid.*, p. 105.
8. Cf., par exemple, Pierre Ayçoberry (*La Question nazie. Les interprétations du national-socialisme*, Paris, Éd. du Seuil, 1979, p. 177), qui parle, à propos du livre de Hannah Arendt, de « faux semblant », d'« accumulation de brillants paradoxes et [d']affirmations contradictoires ».
9. Louis Dumont, *Essais sur l'individualisme*, Paris, Éd. du Seuil, 1987, p. 19.
10. Louis Dumont, *Homo aequalis*, Paris, Gallimard, 1977.
11. Louis Dumont, *Essais sur l'individualisme, op. cit.*, p. 28.
12. *Ibid.*, p. 141.
13. *Ibid.*, p. 162.
14. *Ibid.*, p. 163-164.
15. Cf. Tzvetan Todorov, *Nous et les Autres, op. cit.*, p. 435 : « tout se passe comme si la victoire de l'idéologie individualiste, qui est à la base des démocraties modernes, s'accompagnait du refoulement des valeurs holistes, qui cependant n'admettraient pas de se voir traiter ainsi et resurgiraient dans ces formes plus ou moins monstrueuses que sont le nationalisme, le racisme ou l'utopie totalitaire ».
16. Cf. Alain Renaut, *L'Ère de l'individu*, Paris, Gallimard, 1989, et plus particulièrement le chapitre II de la première partie : « Louis Dumont, le triomphe de l'individu », où il reproche à Dumont d'ignorer que la modernité porte en elle un conflit interne, qu'elle n'est pas seulement ni nécessairement le triomphe de l'individu, du marché, du narcissisme, mais aussi le lieu de constitution du sujet.
17. Cf. Christian Delacampagne, *L'Invention du racisme, op. cit.*, p. 58 : « le racisme est plus vieux que le siècle des Lumières. Il est plus vieux que la société égalitaire. On ne peut même pas dire qu'il soit lié à un type d'organisa-

tion sociale ». Delacampagne n'est d'ailleurs pas toujours aussi radical que ces lignes le suggèrent, car lorsqu'il s'intéresse au « racisme du moyen âge ou de l'antiquité », c'est pour y rechercher la marque ou la préfiguration de principes socioculturels qui seront ceux du monde moderne.

18. Colette Guillaumin, *L'Idéologie raciste, op. cit.*, p. 92.

19. Léon Poliakov, *Histoire de l'antisémitisme, op. cit.*

20. Georges Élias Sarfati, entretien avec Léon Poliakov, *L'Envers du destin*, Paris, Calmann-Lévy, 1989, p. 87.

21. Cf., notamment, Maxime Rodinson, « Critiques sur la démarche poliakovienne », *Le Racisme. Mythes et sciences, op. cit.*, p. 318.

22. Dans Georges Élias Sarfati, *L'Envers du destin, op. cit.*, p. 124.

23. Anthony D. Smith, *The Ethnic Origins of Nations*, Oxford, 1987.

24. Cf. Léon Poliakov, *Le Mythe aryen*, Paris, Calmann-Lévy, 1971.

25. Dans Georges Élias Sarfati, *L'Envers du destin, op. cit.*, p. 130-131.

26. Léon Poliakov, *La Causalité diabolique. Essai sur l'origine des persécutions*, Paris, Calmann-Lévy, 1980.

27. Léon Poliakov, *Histoire de l'antisémitisme, op. cit.*, vol. IV, p. 46.

28. Norman Cohn, *Histoire d'un mythe. La « conspiration juive » et les « Protocoles des Sages de Sion »*, Paris, Gallimard, 1967.

29. Jacob Katz, *From Prejudice to Destruction. Anti-Semitism 1700-1933*, Cambridge, Harvard University Press, 1980.

30. Pierre Birnbaum, *Un mythe politique : la République juive*, Paris, Fayard, 1988.

Conclusion

1. Pierre van den Berghe, *Race and Racism : A Comparative Perspective*, New York, Wiley, 1978 (2e éd.), p. xv. Sur ces problèmes de définition, sociale ou biologique, de la race, et de l'intérêt qu'il peut y avoir à recourir à la notion d'ethnie, cf. J. Milton Yinger, « Intersecting Strands in the Theorisation of Race and Ethnic Relations », *in* John Rex, David Mason (éds), *Theories of Race and Ethnic Relations*, Cambridge, Cambridge University Press, 1986, p. 20-41.

2. Yves Chevalier, *L'Antisémitisme, op. cit.* Cf. en particulier la conclusion générale de l'ouvrage : « le modèle du bouc émissaire permet, nous semble-t-il, d'intégrer dans un ensemble plus complexe ces théories partielles » (p. 385).

Deuxième partie

Introduction

1. John Rex, *Race, Colonialism and the City*, Londres, Oxford University Press, 1973.

2. Richard A. Schermerhorn, *Comparative Ethnic Relations. A Framework for Theory and Research*, Chicago, The University of Chicago Press, 1978 (1re éd. 1970).

3. Cf., notamment, Nonna Mayer, « Ethnocentrisme, racisme et intolérance », *in* CEVIPOF, *L'Électeur français en question*, Paris, FNSP, 1990, p. 17-43.

4. Cf., par exemple, Pierre-André Taguieff, *La Force du préjugé, op. cit.*, qui évoque à plusieurs reprises ce découpage ; ou encore George M. Fredrickson, « Toward a Social Interpretation of the Development of American Racism », *in* N. Higgins, M. Kilson, D. Fox (éds), *Key Issues in the Afro-American Expe-*

rience, New York, Harcourt Brace Jovanovitch, 1971 ; ou Donald L. Noel, « Slavery and the Rise of Racism », *in* D. Noel (éd.), *The Origins of American Slavery and Racism,* Columbus, Charles E. Merrill, 1972.

Chapitre 5

1. Michael Pollak, « Utopie et échec d'une science raciale », *in* A. Bégin, J. Freund (éds), *Racismes, Antiracismes, op. cit.,* p. 197.
2. Benno Müller-Hill, *Science nazie, Science de mort, op. cit.*
3. Richard T. LaPiere, « Attitudes versus Actions », *Social Forces,* n° 13, 1934, p. 230-237.
4. Gordon W. Allport, *The Nature of Prejudice, op. cit.,* p. 57.
5. Colette Guillaumin, *L'Idéologie raciste, op. cit.,* p. 8.
6. *Ibid.,* p. 47.
7. *Ibid.,* p. 61.
8. Martin Barker, *The New Racism,* Londres, Junction Books, 1981.
9. Pour une présentation, très critique, du concept de « nouveau racisme », cf. Robert Miles, *Racism,* Londres, Routledge, 1989, p. 62-66.
10. Pierre-André Taguieff, *La Force du préjugé, op. cit.,* p. 14.
11. *Ibid.,* p. 162-176. Parmi d'autres auteurs ayant également perçu l'existence de ces deux logiques, cf. Alain de Benoist, « Racisme : remarques autour d'une définition », art. cité.
12. Cf., par exemple, Alain Touraine, *La Voix et le Regard,* Paris, Éd. du Seuil, 1977.

Chapitre 6

1. Pierre-André Taguieff, *La Force du préjugé, op. cit.* ; cf. notamment le chapitre VI, p. 240-270.
2. Theodor Adorno *et al., The Authoritarian Personality, op. cit.* ; Éric Fromm (*La Peur de la liberté,* Paris, Buchet-Chastel, 1963), pour qui la personne à préjugés est incapable de vivre avec autrui des relations interpersonnelles authentiques et se lie au monde extérieur en construisant des figures fantasmatiques du bien (les héros) et du mal (groupes ethniques) ; Milton Rokeach, *The Open and Closed Mind, op. cit.*
3. Cité par Michaël Billig, « Racisme, préjugés et discrimination », *in* Serge Moscovici (éd.), *Psychologie sociale,* Paris, PUF, 1984, p. 449-472. Notons que Thomas Pettigrew, dans « New Black-White Patterns : How Best to Conceptualize Them » (*Annual Review of Sociology,* n° 11, 1985, p. 329-346), demande qu'on trouve un équilibre, dans la recherche sur les attitudes raciales, entre facteurs sociétaux et facteurs de personnalité.
4. Richard A. Schermerhorn, *Comparative Ethnic Relations, op. cit.,* p. 6.
5. Sur le rapport entre ethnocentrisme et racisme, cf. Vittorio Lanternari, « Ethnocentrism and Ideology », *Ethnic and Racial Studies,* vol. 3, n° 1, janvier 1980, p. 52-66.
6. Cf., par exemple, Christian Delacampagne (*L'Invention du racisme, op. cit.*) qui signale, dans le livre de Jean-Paul Sartre, *Réflexions sur la question juive* (*op. cit.*), plusieurs formulations qui, dans une perspective anachronique, peuvent être lues comme incroyablement racistes.
7. Gérard Lemaine, James S. Jackson, « Éditorial », *Revue internationale de psychologie sociale,* n° 3, 1989, p. 271. Cf. aussi J. M. Jones (*Prejudice and*

Racism, Reading (MA), Addison Wesley, 1972), qui trouve inacceptable l'idée que le préjugé serait un écart par rapport aux normes égalitaires ou qu'il serait d'abord individuel.

8. Cf. Gordon W. Allport, *The Nature of Prejudice, op. cit.*, chap. 13, « Theories of Prejudice », p. 206-218. Pour une présentation en français, cf. Pierre-André Taguieff, *La Force du préjugé, op. cit.*, p. 166-270.

9. Otto Klineberg, *Psychologie sociale*, Paris, PUF, 1959, vol. II, chap. IX.

10. Cf., notamment, George M. Fredrickson, « Toward a Social Interpretation of the Development of American Racism », art. cité.

11. Teun A. Van Dijk, *Communicating Racism. Ethnic Prejudice in Thought and Talk*, Newbury Park, Sage, 1987.

12. Michael Hechter, « Rational Choice Theory and the Study of Race and Ethnic Relations », *in* John Rex, David Mason (éds), *Theories of Race and Ethnic Relations, op. cit.*, p. 264-279 ; Michael Banton, *Racial Theories, op. cit.*, p. 121-135, ou encore « Two Theories of Racial Discrimination in Housing », *Ethnic and Racial Studies*, vol. 2, n° 4, octobre 1979, p. 416-427.

13. George Eaton Simpson, J. Milton Yinger, *Racial and Cultural Minorities, op. cit.*, p. 158.

14. Edgar Morin, *La Rumeur d'Orléans*, Paris, Éd. du Seuil, 1969.

15. *Ibid.*, p. 48-49.

16. *Ibid.*, p. 62.

17. Cornelius Castoriadis, Claude Lefort, Edgar Morin, *Mai 1968 : la brèche*, Paris, Fayard, 1968.

18. Cf. Eugene L. Hartley, *Problems in Prejudice*, New York, King's Crown Press, 1946 (cité par George Eaton Simpson, J. Milton Yinger, *Racial and Cultural Minorities, op. cit.*, p. 95).

19. Cf. Thomas Pettigrew, « The Nature of Modern Racism in the United States », *Revue internationale de psychologie sociale, op. cit.*, p. 293-302.

20. Sur le racisme symbolique, cf. notamment Donald R. Kinder and David O. Sears, « Prejudice and Politics : Symbolic Racism Threats to the Good Life », *Journal of Personality and Social Psychology*, vol. 40, n° 3, 1981, p. 414-431 ; David O. Sears, « Symbolic Racism », *in* Phyllis A. Katz, Dalmas A. Taylor (éds), *Eliminating Racism*, New York, Plenum Press, 1988, p. 53-84, et, dans le même ouvrage : Lawrence Bobo, « Group Conflict, Prejudice and Paradox of Contemporary Racial Attitudes », p. 85-114.

21. Sur le phénomène contemporain de la chute des couches moyennes américaines, cf., par exemple : Katherine S. Newman, *Falling from Grace. The Experience of Downward Mobility in the American Middle Class*, New York, Vintage Books, 1989.

22. Edgar Morin, *La Rumeur d'Orléans, op. cit.*, p. 37.

Chapitre 7

1. Cf. C. Van Woodward, *Origins of the New South 1877-1913*, Baton Rouge, Louisiana State University Press, 1951.

2. Cf. Michel Wieviorka, « La crise du modèle français d'intégration », *Regards sur l'actualité*, n° 161, mai 1990, p. 3-15.

3. Cf. Thomas Sowell, *Race and Economics*, New York, David Mc Kay C°, 1975 ; *Market and Minorities*, New York, Basic Books, 1981. Pour l'analyse de la pensée de Sowell, cf. Pierre-André Taguieff, *La Force du préjugé, op. cit.*, p. 260-266.

4. Gary S. Becker, *The Economics of Discrimination*, Chicago, University of Chicago Press, 1957.

5. Judith Shapiro, « What is New in the Economics of Racial Discrimination ? », *Ethnic and Racial Studies*, vol. 6, n° 1, janvier 1983, p. 111-118.

6. L'« hypothèse zonale » considère que toute ville a tendance à s'étendre en rayonnant à partir de son centre d'affaires. Celui-ci est d'abord entouré par une zone de transition, investie par les affaires et les industries légères, et qui est une aire habitée par les ouvriers fuyant cette aire de détérioration mais voulant vivre près de leur travail ; viennent ensuite une zone résidentielle, bourgeoise, une aire suburbaine, et enfin les villes satellites. L'expansion de la ville selon cette hypothèse fait que chaque zone tend à s'étendre sur la zone voisine, selon des modalités comparables, dit Burgess, à ce qu'enseigne l'écologie végétale. Cf. Ernest W. Burgess, « La croissance de la ville. Introduction à un projet de recherche », *in* Yves Grafmeyer, Isaac Joseph, *L'École de Chicago*, Paris, Aubier, 1990, p. 131-147 (1re éd. du texte de Burgess en 1925).

7. *Ibid*., p. 139.

8. *Ibid*., p. 140.

9. Louis Wirth, *Le Ghetto*, Grenoble, PUG, 1980 (1re éd. 1928), p. 40.

10. Robert E. Park, « La ville. Proposition de recherche sur le comportement humain en milieu urbain », *in* Yves Grafmeyer, Isaac Joseph, *L'École de Chicago*, *op. cit*., p. 125.

11. Georg Simmel, « Digressions sur l'étranger », in *ibid*., p. 53-59 (1re éd. 1908) ; Robert E. Park, « Human Migration and the Marginal Man », art. cité, p. 881-893.

12. Emory S. Bogardus, « A Race Relations Cycle », *American Journal of Sociology*, vol. 35, n° 4, janvier 1930, p. 613. Pour d'autres auteurs développant ce type de schéma, cf. Brewton Barry, *Race and Ethnic Relations*, Boston, The Riverside Press, 1958.

13. René Duchac, *La Sociologie des migrations aux États-Unis*, Paris, Mouton, 1974, p. 120.

14. Otis D. et Beverley Duncan, *The Negro Population of Chicago : A Study of Residential Succession*, Chicago, The University of Chicago Press, 1965 (2e éd.).

15. Cf. René Duchac, *La Sociologie des migrations aux États-Unis*, *op. cit.*

16. Karl E. Teuber, « Negro Residential Segregation ; Trends and Measurement », *Social Problems*, XII, I, été 1964, p. 42-50 ; Stanley Lieberson, *Ethnic Patterns in American Cities*, New York, The Free Press of Glencoe, 1963.

17. St. Clair Drake, Horace R. Cayton, *Black Metropolis. A Study of Negro Life in a Northern City*, New York, Harper and Row, 2 vol., 1962 (1re éd. 1945).

18. René Duchac (*La Sociologie des migrations aux États-Unis*, *op. cit.*, p. 392-393) cite plusieurs travaux convergents qui montrent que « à qualité égale, les Noirs paient toujours plus cher » et que si, par exemple, des Blancs pressés de partir en période d'« invasion » noire liquident souvent leur bien à perte, d'autres – agents immobiliers notamment – s'enrichissent et maintiennent le marché à un niveau au moins égal.

19. William J. Wilson, *The Declining Significance of Race*, *op. cit.* ; cf. également *The Truly Disadvantaged : The Inner City, the Underclass and Public Policy*, Chicago, University of Chicago Press, 1987.

20. Loïc Wacquant, William J. Wilson, « The Cost of Racial and Class Exclusion in the Inner City », *The Annals of the American Academy of Political and Social Science*, janvier 1989, p. 8-25.

21. Cf. notamment les travaux de Peter Doeringer et Michael J. Piore, « Unemployment and the Dual Labor Market », *The Public Interest*, n° 38, hiver 1975, p. 67-79 ; « Equal Employment Opportunity in Boston », *Industrial Rela-*

tions, n° 9, mai 1970, p. 324-329 ; Robert T. Averitt, *The Dual Economy*, New York, Norton, 1968 ; James O'Connor, *The Fiscal Crisis of the State*, New York, Saint Martin's Press, 1973, et, plus récemment, Michael Piore, Charles F. Sabel, *The Second Industrial Divide : Possibilities for Prosperity*, New York, Basic Books, 1984.

22. E. Franklin Frazier, *Black Bourgeoisie*, New York, The Free Press, 1957.

23. Kenneth B. Clark, « The Role of Race », *The New York Times Magazine*, 5 octobre 1980.

24. Cf. Alphonso Pinkney (*The Myth of Black Progress*, Cambridge, Cambridge University Press, 1984), qui évoque et reprend à son compte les critiques très polémiques de l'Association des sociologues noirs et pour qui l'idée d'un progrès noir est mythique.

25. Ajoutons, pour préciser cette remarque, que les historiens ont montré que, dans le Sud des États-Unis, l'économie traditionnelle à base de plantations et d'esclavage n'a pas généré de ségrégation spatiale. Cf. E. Franklin Frazier (*Race and Culture Contrasts in the Modern World*, New York, Alfred A. Knoff, 1957), qui indique que « contrairement à une idée reçue, les Noirs n'étaient pas ségrégués dans les vieilles villes du Sud. Ils y furent apportés par leurs propriétaires blancs avant la guerre civile et il devint habituel pour les Noirs et les Blancs de vivre dans les mêmes aires résidentielles. C'est dans les villes périphériques, où la localisation des Noirs n'a été déterminée ni par des facteurs économiques, ni par les coutumes et conditions historiques, que la ségrégation résidentielle des Noirs devint un objet de législation » (p. 282). Cf. également, pour les effets encore contemporains du vieux modèle sudiste, Lee F. Schnore, Philip C. Evenson, « Segregation in Southern Cities », *The American Journal of Sociology*, vol. 72, n° 1, juillet 1966, p. 58-67.

26. Michael Banton, « Two Theories of Racial Discrimination in Housing », art. cité. L'idée d'un marché libre et ouvert peut elle-même être complexifiée, par exemple à l'aide de l'idée alternative d'une dualisation du marché du logement. Cf. Linda Brewster Stearns, John R. Logan, « The Racial Structuring of the Housing Market and Segregation in Suburban Areas », *Social Forces*, vol. 65, n° 1, septembre 1986, p. 28-42. Cf. par ailleurs les travaux de John Rex, et notamment John Rex, Robert Moore, *Race Community and Conflict. A Study of Sparbrook*, Londres, Oxford University Press, 1967 ; John Rex, *Race and Ethnicity*, Milton Keynes, Open University Press, 1986.

27. Cf., parmi une littérature gigantesque : Pierre L. van den Berghe, *South Africa : A Study in Conflict*, Berkeley, University of California Press ; Leonard Thompson, A. Prior, *South African Politics*, New Haven, Yale University Press, 1982 ; J. Lelyveld, *Move your Shadow : South Africa, Black and White*, New York, Times Books, 1985 ; Leonard Thompson, *The Political Mythology of Apartheid*, New Haven, Yale University Press, 1985.

28. Cf. Benjamin R. Ringer, Elinor R. Lawless, *Race, Ethnicity and Society*, New York, Routledge, 1989, p. 113-118.

29. Cf., par exemple, Robert L. Crain (« School Integration and Occupational Achievement of Negroes », *in* Thomas Pettigrew (éd.), *Racial Discrimination in the United States*, New York, Harper and Row, 1975, p. 206-224), qui montre qu'aux États-Unis, dans les années soixante, les Noirs éduqués dans des écoles « intégrées » ont plus de chance d'occuper des emplois traditionnellement réservés aux Blancs : ils bénéficient de réseaux d'amitié, entre Blancs et Noirs, qui perdurent après l'école, et participent de larges réseaux d'information, décisifs pour trouver un emploi.

30. Cf., par exemple, celle citée par Gordon W. Allport, *The Nature of Prejudice*, *op. cit.*, p. 52.

31. Cf., là aussi parmi une abondante littérature, pour une intéressante mise au point qui concerne le Royaume-Uni, Richard Jenkins, *Racism and Recruitment*, Cambridge, Cambridge University Press, 1986.

32. Cf. Marvin E. Wolfgang, Bernard Cohen (« Crime and Race », *in* Thomas Pettigrew (éd.), *Racial Discrimination in the United States, op. cit.*, p. 284-302), qui citent des chiffres édifiants, montrant qu'un Noir paie statistiquement son crime bien plus cher qu'un Blanc : entre 1940 et 1984, en Floride, par exemple, les Noirs qui violent une femme blanche sont condamnés à mort dans 54 % des cas, alors que ce taux est de 0 % dans le cas inverse.

33. Cf. George Lowe, Eugene Hodges, « Race and the Treatment of Alcoholism in a Southern State », *Social Problems*, n° 20, 1972, p. 240-252.

34. Stokely Carmichael, Charles Hamilton, *Black Power*, New York, Vintage Books, 1967.

35. Cf. Robert Blauner, *Racial Oppression in America*, New York, Harper and Row, 1972, p. 9-10.

36. Whitney Young, *To Be Equal*, New York, Mc Graw-Hill, 1964, p. 18 (cité par Robert Friedman, « Institutional Racism : How to Discriminate without Really Trying », *in* Thomas Pettigrew (éd.), *Racial Discrimination in the United States, op. cit.*, p. 384-407).

37. Robert Friedman, « Institutional Racism », art. cité, p. 387.

38. *Ibid.*, p. 422.

39. Pour une présentation de cette orientation, telle qu'elle est appliquée à la question du racisme et notamment au Royaume-Uni, cf. John Solomos, *Race and Racism in Contemporary Britain*, Londres, MacMillan, 1989, p. 16-21.

40. Cf. Ambalavaner Sivanandan, « Race, Class and Power : An Outline for Study », *Race*, vol. 14, n° 4, 1973, p. 383-391 ; « RAT and the Degradation of the Black Struggle », *Race and Class*, vol. 26, n° 4, 1985, p. 1-34. Pour une critique des variations terminologiques de Sivanandan, cf. Robert Miles, *Racism*, Londres, Routledge, 1989, p. 53-54.

41. Robert Merton, « Discrimination and the American Creed », *in* R. MacIver (éd.), *Discrimination and National Welfare*, New York, Harper and Row, 1949.

42. David T. Wellman, *Portraits of White Racism*, Cambridge, Cambridge University Press, 1977.

43. Cf. Didier Lapeyronnie, Marcin Frybes, *L'Intégration des minorités immigrées, op. cit.*

Chapitre 8

1. Serge Moscovici, « Le ressentiment », *Le Genre humain*, n° 11, aut.-hiv. 1984-1985, p. 181.

2. Gordon W. Allport, *The Nature of Prejudice, op. cit.*, p. 57-58.

3. Michel Wieviorka, *Sociétés et Terrorisme*, Paris, Fayard, 1988, Ve partie, chap. II : « Le terrorisme palestinien », p. 381-408.

4. Cf. *ibid.*, « Annexe théorique », p. 460-491 ; cf. également James B. Rule, *Theories of Civil Violence*, Berkeley, University of California Press, 1988.

5. Serge Moscovici, *L'Age des foules*, Paris, Fayard, 1981, p. 134.

6. Cf. William Kornhauser, *The Politics of Mass Society*, Glencoe (Ill.), The Free Press of Glencoe, 1959.

7. Ted Robert Gurr, « Urban Disorder : Perspectives from the Comparative Study of Civil Strife », *in* Allen D. Grimshaw (éd.), *Racial Violence in the United States*, Chicago, Aldine Publishing Company, 1969, p. 371.

8. On me permettra de renvoyer, ici aussi, aux analyses que j'ai proposées dans l'Annexe théorique et au fil de mon ouvrage *Sociétés et Terrorisme, op. cit.*

9. Cf., en particulier, l'ouvrage monumental de Raoul Hillberg, *La Destruction des Juifs d'Europe*, Paris, Fayard, 1988.

10. *Ibid.*, notamment p. 40-48.

11. Walter Laqueur, *Le Terrifiant Secret. La solution finale et l'information étouffée*, Paris, Gallimard, 1981.

12. Allen D. Grimshaw (éd.), *Racial Violence in the United States, op. cit.*

13. Jean-Claude Monet, « Société multiraciale et comportements policiers », communication au colloque *Police et Société de demain*, 23 novembre 1988, p. 7.

14. Cf. Michel Wieviorka, *Les Juifs, la Pologne et Solidarnosc*, Paris, Denoël, 1984, p. 115-118.

15. Simon Doubnov, *Histoire d'un soldat juif, 1880-1915*, Paris, Éd. du Cerf, 1988.

16. Quelques mois avant sa mort, Staline avait accusé les médecins juifs qui veillaient sur sa santé de comploter et de préparer son assassinat.

17. Allen D. Grimshaw (éd.), *Racial Violence in the United States, op. cit.*

18. Cf. Arthur F. Raper, *The Tragedy of Lynching*, Chapel Hill, The University of North Carolina Press, 1933 ; Hadley Cantril, *The Psychology of Social Movements*, New York, Wiley, 1941 ; ainsi que Gunnar Myrdal, *An American Dilemma, op. cit.*, ou Gordon W. Allport, *The Nature of Prejudice, op. cit.* ; cf. également Jean Stoetzel, *La Psychologie sociale*, Paris, Flammarion, 1963, p. 230-232.

19. Précisons que le thème du lynchage est aujourd'hui encore objet de vives controverses. Sur la corrélation entre lynchage et situation économique, cf. notamment Carl I. Hovlands, Robert R. Sears, « Minor Studies in Aggression : Correlation of Lynchings with Economic Indices », *Journal of Psychology*, n° 9, 1940, p. 301-310. Et, pour une critique suggérant que la corrélation est un artefact statistique, Alexander Mintz, « A Reexamination of Correlations between Lynchings and Economic Indices », *Journal of Abnormal and Social Psychology*, n° 41, 1946, p. 154-160. Sur la thèse d'un lien entre lynchage et maintien d'une domination politique par la menace, cf. avant tout Hubert Blalock, *Toward a Theory of Minority Group Relations*, New York, Wiley, 1967, ainsi que le dossier rassemblé dans le n° 3, vol. 67, mars 1989, de *Social Forces*, avec des contributions de Stewart E. Tolnay, E. M. Beck, James L. Massey, « Black Lynchings : The Power Threat Hypothesis Revisited » (p. 605-623) ; John Skelton Reed, « Comment on Tolnay, Beck and Massey » (p. 624-625) ; James C. Creech, Jay Corzine, Lin Huff-Corzine, « Theory Testing and Lynching : Another Look at the Power Threat Hypothesis » (p. 626-630) ; H. M. Blalock, « Percent Black and Lynchings Revisited » (p. 631-640).

20. Pour un récit très détaillé, cf. Marc Hillel, *Le Massacre des survivants en Pologne, 1945-1947*, Paris, Plon, 1985.

Troisième partie

Introduction

1. Cf. Alain Touraine, *La Voix et le Regard, op. cit.*

2. Albert Memmi, *Le Racisme*, Paris, Gallimard, 1982, p. 35.

3. Cette troisième partie reprend des analyses déjà ébauchées dans mes communications, « Mouvements sociaux et racisme », Congrès international de

sociologie, Madrid, 1990, et « Nature et formation des mouvements communautaires », Le Caire, colloque organisé par le CEDEJ et l'IEDES, 1989.

Chapitre 9

1. Pierre Milza, *Français et Italiens à la fin du XIXe siècle*, Rome, École française de Rome, 1981. Les violences anti-italiennes qui culminèrent à Aigues-Mortes en 1893 firent huit morts selon le bilan officiel. Pour une synthèse de ce type de violences en France, cf. Gérard Noiriel, *Le Creuset français*, Paris, Éd. du Seuil, 1986, p. 257-262. Sur la gauche ouvrière et l'antisémitisme, cf. Michel Winock, Édouard Drumont *et al.*, *Antisémitisme et Fascisme en France*, Paris, Éd. du Seuil, 1982. Sur le syndicalisme américain et son rapport aux Noirs, cf., par exemple, H. Hill, « The Racial Practices of Organised Labour », *in* A. M. Ross, H. Hill (éds), *Employment, Race and Poverty*, New York, Harcourt, Brace and Worth, 1967 ; S. D. Spero, A. L. Harris, *The Black Worker*, New York, Athaneum, 1974.

2. Hadley Cantril, *The Psychology of Social Movements*, New York, John Wiley & Sons Inc., 1941 ; Birgitta Orfali, *L'Adhésion au Front national. De la minorité active au mouvement social*, Paris, Kimé, 1990.

3. Cf. Alain Touraine, *Production de la société*, Paris, Éd. du Seuil, 1974.

4. Abraham Léon, *La Conception matérialiste de la question juive*, Paris, EDI, 1968 (1re éd. 1942).

5. Oliver C. Cox, *Caste, Class and Race*, New York, Doubleday and Co, 1948.

6. Les plus significatifs, ou de larges extraits, sont rassemblés par Herbert M. Hunter et Sameer Y. Abraham (éds), *Race, Class and the World System : The Sociology of Oliver C. Cox*, New York, Monthly Review Press, 1948.

7. Célestin Bouglé, *Essai sur le régime des castes*, Paris, PUF, 1989 (1re éd. 1908).

8. Cf. chap. II.

9. Cf. sa participation au livre écrit avec Étienne Balibar, *Race, Nation, Classe, op. cit.*

10. Citons notamment, car on y trouvera une abondante bibliographie, de John Rex, David Mason (éds), *Theories of Race and Ethnic Relations, op. cit.*, avec des contributions, entre autres, de Michael Banton, John Solomos et Harold Wolpe, directement consacrées aux débats qui nous intéressent ici. Cf. aussi Anni Phizacklea, Robert Miles, *Labour and Racism*, Londres, Routledge and Kegan Paul, 1980 ; Robert Miles, « Marxism versus the Sociology of Race Relations ? », *Ethnic and Racial Studies*, 7-2, 1984, p. 217-237, et « Class, Race and Ethnicity : A Critique of Cox's Theory », *Ethnic and Racial Studies*, 3-2, 1980, p. 169-187.

11. Pierre Ayçoberry, *La Question nazie, op. cit.*

12. Nicos Poulantzas, *Fascisme et Dictature. La IIIe Internationale face au fascisme*, Paris, Maspero, 1970.

13. Enzo Traverso, *Les Marxistes et la Question juive*, Montreuil, La Brèche, 1990, p. 245.

14. Étienne Balibar, *Race, Classe, Nation, op. cit.*, p. 273.

15. Floya Anthias, « Race and Class Revisited. Conceptualising Race and Racisms », *The Sociological Review*, vol. 38, n° 1, février 1990, p. 19-42.

16. Alain Touraine, Michel Wieviorka, François Dubet, *Le Mouvement ouvrier*, Paris, Fayard, 1984.

17. Cf. Alain Touraine, *La Conscience ouvrière*, Paris, Éd. du Seuil, 1966.

18. Cité par Philip S. Foner, *Organized Labor and the Black Worker 1619-1973*, New York International Publishers, 1974, p. X.

19. Robert Merton, *Éléments de théorie et de méthode sociologique*, Paris, Plon, 1965 (2e éd.).

20. Cf. Norman Hill (« Blacks and the Unions », *Dissent*, printemps 1989, p. 496-500), qui cite des chiffres éloquents : en 1987, les Noirs représentent 14,5 % des syndiqués ; 22,6 % des salariés noirs sont syndiqués, pour 16,3 % des salariés blancs.

21. Pour plus de précisions, cf. Michel Wieviorka, *Les Juifs, la Pologne et Solidarnosc, op. cit.*

22. Cf. Alain Touraine, François Dubet, Michel Wieviorka, Jan Strzelecki, *Solidarité*, Paris, Fayard, 1982.

Chapitre 10

1. Cf., notamment, Alain Touraine, « Introduction à la méthode de l'intervention sociologique », *La Méthode de l'intervention sociologique*, Paris, ADIS, 1983, p. 11-28. Pour une première élaboration de la notion d'antimouvement social, cf. également Michel Wieviorka, *Sociétés et Terrorisme, op. cit.*, chap. I.

2. Cf. William J. Wilson, *The Declining Significance of Race, op. cit.*, et *The Truly Disadvantaged : The Inner City, the Underclass and Public Policy, op. cit.*

3. Cf., par exemple, Nicos Poulantzas, *Les Classes sociales dans le capitalisme aujourd'hui*, Paris, Éd. du Seuil, 1974.

4. Albert Hirschman, *Bonheur privé, Action publique*, Paris, Fayard, 1983 (1re éd. 1982).

5. Cf. Michel Wieviorka, « Les bases du national-populisme », in *Le Débat*, septembre 1980, p. 35-41.

6. John Dollard, *Cast and Class in a Southern Town, op. cit.*, p. 446.

7. Cf. Gordon W. Allport, *The Nature of Prejudice, op. cit.*, chap. XV, et Yves Chevalier, *L'Antisémitisme, op. cit.*, p. 371.

8. Pour une autre distinction, elle aussi proche, à certains égards, de la nôtre ; cf. Richard A. Schermerhorn (*Comparative Ethnic Relations, op. cit.*, p. 73-74), qui différencie forme minimale du racisme et forme maximale, « dans laquelle les distinctions entre dominants et subordonnés ont un caractère absolu, et non relatif, de nature et non pas de degré ». Schermerhorn hésite pourtant à qualifier l'antisémitisme nazi de forme maximale, et introduit pour lui une troisième catégorie – qu'il appelle « résiduelle » (p. 77) – pour marquer le caractère totalement mythique de la définition hitlérienne de la race juive et le fait qu'on sort, avec ce phénomène, de l'étude des *race relations*.

9. Jacob Katz, « Misreading of Anti-Semitism », art. cité (trad. fr. *Sens*, n° 5/6, 1984, p. 203-214).

10. Saül Friedländer, *L'Antisémitisme nazi. Histoire d'une psychose collective*, Paris, Éd. du Seuil, 1971.

11. Cf. Paul Lendvaï, *L'Antisémitisme sans Juifs*, Paris, Fayard, 1971.

12. Victor Karady et Istvan Kémény, « Les Juifs dans la structure des classes en Hongrie : essai sur les antécédents historiques des crises antisémites du XXe siècle », *Actes de la recherche en sciences sociales*, n° 22, juin 1978, p. 25-59, et « Antisémitisme universitaire et concurrence de classe : la loi du *numerus clausus* en Hongrie entre les deux guerres », *Actes de la recherche en sciences sociales*, n° 34, septembre 1980, p. 67-96.

Chapitre 11

1. Léon Poliakov, *Histoire de l'antisémitisme, op. cit.*, vol. II, chap. X et XI.
2. Charles Amiel, « La "pureté de sang" en Espagne », *Études interethniques*, n° 6, 1983, p. 27-45.
3. Cf., par exemple, Benjamin B. Ringer, Elinor R. Lawless, *Race, Ethnicity and Society, op. cit.* ; Joe R. Fragin, *Racial and Ethnic Relations*, Englewood Cliffs (N. J.), Prentice Hall, 1984 ; Michael Banton, *Racial and Ethnic Competition*, Cambridge, Cambridge University Press, 1983 ; etc. La revue évoquée est *Ethnic and Racial Studies*, le comité de recherche s'intitule : « Relations entre les races, les ethnies et les minorités. »
4. Anthony D. Smith, *The Ethnic Revival in the Modern World*, Cambridge, Cambridge University Press, 1981.
5. Pierre L. van den Berghe, *The Ethnic Phenomenon*, New York, Elsevier, 1981.
6. Stephen Steinberg, *The Ethnic Myth. Race, Ethnicity and Class in America*, Boston, Beacon Press, 1989 (1re éd. 1981).
7. Ferdinand Tönnies, *Communauté et Société*, Paris, Retz, 1977 (1re éd., 1897).
8. Max Weber, *Économie et Société, op. cit.* ; cf. notamment les chapitres III-V de la deuxième partie.
9. *Ibid.*, p. 429 : « Notre tâche est d'étudier les conditions et les effets d'une espèce particulière de façon d'agir en communauté. »
10. Cf., par exemple, *ibid.*, p. 427 : « Le concept de "Nation" nous renvoie constamment à la relation avec la puissance politique. Il est donc évident, si tant est que "national" signifie quelque chose d'unitaire, que ce sera aussi une sorte de passion spécifique. Dans un groupe d'hommes unis par la communauté de langue, de confession religieuse, de mœurs ou de destin, cette passion se liera à l'idée d'une organisation du pouvoir politique déjà existante, ou ardemment désirée qui leur soit propre [...]. »
11. Cf. l'intéressante mise au point proposée par M. Elaine Burgess, « The Resurgence of Ethnicity : Myth or Reality », *Ethnic and Racial Studies*, vol. 1, n° 3, juillet 1978, p. 265-285 ; ainsi que James Mc Kay, « An Exploratory Synthesis of Primordial and Mobilizationist Approaches to Ethnic Phenomena », *Ethnic and Racial Studies*, vol. 5, n° 4, octobre 1982.
12. Cf. Pierre Clastres, *La Société contre l'État*, Paris, Éd. de Minuit, 1974.
13. Cf. Joseph Marcus, *Social and Political History of the Jews in Poland, 1919-1939*, Berlin-New York-Amsterdam, Mouton, 1983.
14. Cf., par exemple, l'analyse des luttes liées à la crise de la sidérurgie lorraine proposée par Claude Durand, *Chômage et Violence*, Paris, Galilée, 1981.
15. Anthony D. Smith, « War and Ethnicity : The Role of Warfare in the Formation, Self-Images and Cohesion of Ethnic Communities », *Ethnic and Racial Studies*, vol. 4, n° 4, octobre 1981.
16. Cf. Georg Simmel, *Conflict and the Web of Group-Affiliations*, Londres, Free Press of Glencoe, 1955 ; Georges Sorel, *Réflexions sur la violence*, Paris-Genève, Slatkine, 1981 ; Frantz Fanon, *Les Damnés de la terre*, Paris, Maspero, 1961.
17. Albert Memmi, *Le Racisme, op. cit.*, p. 71.
18. Cf. Michel Wieviorka, *Sociétés et Terrorisme, op. cit.*, Ve partie.
19. Robert Brijtenhuijt, « Mouvements nationaux ou mouvements ethniques ? Quelques exemples africains », communication aux Journées de la Société française de sociologie, Paris, 29-30 septembre 1989.

20. Ernest Gellner, *Nations et Nationalisme*, Paris, Payot, 1989, p. 177 (1re éd. 1983).

21. Edward Shils, « Primordial, Personal, Sacred and Civil Ties », *British Journal of Sociology*, juin 1957, p. 130-145 ; Clifford Geertz, « The Integrative Revolution : Primordial Sentiments and Civil Politics in the New States », *in* C. Geertz (éd.), *Old Societies and New States*, New York, The Free Press, 1963, p. 105-157.

22. Edward P. Thompson, *La Formation de la classe ouvrière anglaise*, Paris, EHESS-Gallimard-Éd. du Seuil, 1988 (1re éd. 1963).

23. Alain Touraine, *Le Retour de l'acteur. Essai de sociologie*, Paris, Fayard, 1984, p. 178.

24. Cf. Gilles Kepel, *Le Prophète et Pharaon*, Paris, La Découverte, 1984.

25. Cf. Michel Wieviorka, *Sociétés et Terrorisme, op. cit.*, Ve partie.

26. Benedict Anderson, *Imagined Communities : Reflexions on the Origin and Spread of Nationalism*, Londres, Verso, 1983, p. 136 ; Paul Gilroy, *There Ain't no Black in the Union Jack*, Londres, Hutchinson, 1987, p. 44-45.

27. Étienne Balibar, *Race, Classe, Nation, op. cit.*, p. 78.

28. *Ibid.*, p. 88.

29. Position défendue, par exemple, par René Gallissot, *Misère de l'antiracisme*, Paris, Arcantère, 1985. Et, puisque nous avons largement évoqué Max Weber dans ce livre, son opposition catégorique aux théories raciales de son temps et sa critique cinglante des thèses du Dr Ploetz, rappelons qu'il fut aussi un ardent nationaliste, membre de la Ligue pangermanique – ce qui est une illustration de la distance radicale qui peut séparer nationalisme et racisme.

30. Charles Amiel, « La "pureté de sang" en Espagne », art. cité, p. 41.

31. Michael R. Marrus, Robert D. Paxton, *Vichy et les Juifs*, Paris, Calmann-Lévy, 1981.

32. Cette fusion des deux cercles les plus centraux crée une dynamique dont Marrus souligne qu'elle n'entraîne pas les masses : elle rend possible une action organisée et politique – ce qui n'est pas pareil ; cf. Michael R. Marrus, « Théorie et pratique de l'antisémitisme », *Sens*, n° 1, 1985, p. 17-25. Cf. également, sur ce thème, Walter Laqueur (*Le Terrifiant Secret, op. cit.*), qui montre comment la destruction des Juifs par les nazis a été entourée du secret pour des raisons internes, et pas seulement internationales ; et Raoul Hillberg (*La Destruction des Juifs d'Europe, op. cit.*), qui indique que les massacres massifs de Juifs sur le front de l'Est, lors des « opérations mobiles de tuerie », ont entraîné tensions et troubles de conscience au sein des unités allemandes.

Conclusion

1. Cette conclusion de la troisième partie s'appuie très largement sur une note rédigée par Alain Touraine à la suite de sa lecture d'une première version de ce livre. Elle n'engage que nous-même – mais comment ne pas le citer et, surtout, le remercier une fois de plus pour son soutien intellectuel et personnel ?

2. Arno Mayer, *La « Solution finale » dans l'histoire*, Paris, La Découverte, 1990 (1re éd. 1988).

3. Cf. Michel Wieviorka, « La crise du modèle français d'intégration », art. cité, p. 3-15.

4. Dans son discours du 28 juillet 1885 à la Chambre des députés ; cf. Jean-Michel Gaillard, *Jules Ferry*, Paris, Fayard, 1989, p. 540.

Conclusion

1. Cf., parmi beaucoup d'autres ouvrages, pour les États-Unis : Phyllis A. Katz, Dalmas A. Taylor (éds), *Eliminating Racism. Profiles in Controversy*, New York, Plenum Press, 1988 ; pour le Royaume-Uni : Michael Banton, *Promoting Racial Harmony*, Cambridge, Cambridge University Press, 1985.

2. Rappelons que, à l'automne 1989, la décision du principal d'un collège de Creil d'interdire l'accès des classes à trois jeunes filles portant le « voile islamique » a suscité un important débat dans les médias et la classe politique.

3. Michel Crozier, *On ne change pas la société par décret*, Paris, Grasset, 1979.

Index des noms de personnes

Table

DEUXIÈME PARTIE

Les formes élémentaires du racisme

TROISIÈME PARTIE

L'unité du racisme

RÉALISATION : ATELIER PAO ÉDITIONS DU SEUIL
REPRODUIT ET ACHEVÉ D'IMPRIMER
SUR ROTO-PAGE PAR L'IMPRIMERIE FLOCH À MAYENNE
DÉPÔT LÉGAL : MARS 1991. N° 12567 (30386)